가끔은 허당이어도 좋다

가끔은 허당이어도 좋다
봉달이 신부의 행복 이야기

발행일 2025. 9. 8

글쓴이 나봉균
펴낸이 강병완

펴낸곳 성바오로
출판등록 7-93호 1992. 10. 6
주소 서울특별시 강북구 오현로7길 20(미아동)

취급처 성바오로보급소 **전화** 944-8300, 986-1361
팩스 986-1365 **통신판매** 945-2972
E-mail bookclub@paolo.net
인터넷 서점 www.paolo.kr

책값은 뒤표지에 있습니다.
ISBN 978-89-8015-961-1
교회인가 서울대교구 2025. 7. 14 **SSP** 1104

ⓒ 나봉균, 2025.
성경 ⓒ 한국천주교중앙협의회, 2025.

- 이 책은 저작권법의 보호를 받으므로 무단전재와 무단복제를 금합니다.
  이 책 내용의 전부 또는 일부를 재사용하려면 반드시 저작권자와 성바오로출판사의 동의를 얻어야 합니다.

봉달이 신부의 행복 이야기

가끔은 행성이어도 좋다

나봉균 글

추천사

삶을 살아가다 보면 뜻하지 않게 길을 잃을 때가 있습니다. 다시 길을 나서고 싶어도 몸도 마음도 말을 듣지 않을 때가 있습니다. 제가 있는 시드니 한인 성당에 나봉균 신부님이 찾아온 적이 있습니다. 고맙게도 미사와 강론을 해 주셨지요. 그런데 어느 자매님이 조심스럽게 다가오시더니 제게 물으셨습니다. "저분, 혹시 봉달이 신부님 맞죠?" '봉달이'는 나봉균 신부님의 애착 별명입니다. 누군가의 마음을 보이지 않게 품어 주고, 위로를 담아내는 신부님의 모습이 까만 봉다리를 닮아 있습니다. 봉달이 신부님이 맞다고 하니, 자매님은 그럴 줄 알았답니다. 신부님의 책을 읽었는데, 거기 담긴 모습 그대로라는 겁니다. 책을 여러 번 읽었고, 지금도 우울하고 지칠 때면 꺼내어 읽는다고 하십니다. 그러면 조금씩 힘이 나고, 살짝 길이 보인다고요.

신학교 시절부터 지금까지 35년을 함께한 친구입니다. 서로 속마음까지 들여다보이는 그런 인연이지요. 처음 책을 낸다고 했을 땐 반신반의했습니다. 막상 읽어 보니 재미있게 '나'를 들여다보게 해 주는 책이었습니다. 그리고 이렇게 많은 사람이 찾아 읽게 될 줄은 몰랐습니다. 기쁘고 아픈, 소소한 삶의 이야기들을 정성껏 담아내어 누구라도 편히 먹고 나눌 수 있는 따뜻한 밥상을 정성껏 차려 놓은 듯했습니다. 그리고 힘내서 길을 걸어갈 수 있게 친근한 길동무가 되어 줍니다.

두 번째 책은 오히려 제가 먼저 기다렸습니다. 보내 준 원고를 받아 들고 봉달이의 삶 속으로 들어갔습니다. 그 이야기가 어느새 제 삶을 다시 들여다보게 합니다. 웃으며 읽다 보니 이미 제 삶 안에 담겨 있던 행복들이 보이기 시작했습니다. 아팠던 기억들조차 토닥토닥, 가벼워졌습니다.

이 책을 읽게 되실 여러분도 산들바람처럼 가벼운 이야기들에 미소 짓게 되실 겁니다. 그리고 그 미소 속에서 자신의 삶을 다시 들여다보게 되실 겁니다. 숨겨져 있던 내 삶의 보물들을 하나하나 발견하게 되실 거고, 잊고 지냈던 내 행복을 다시 떠올리게 될 겁니다.

우리가 길을 찾는 데 꼭 거창한 이정표가 필요한 것은 아닙니다. 작은 나침반, 작은 리본 하나면 충분합니다. 나봉균 신부님의 이 따뜻하고 유쾌한 책이 여러분께 길을 밝혀 주는 좋은 친구가 되어 줄 것입니다.

시드니 한인 성당 주임 신부 백현 바오로

나에게 추천사라니

책 제목을 '가끔은 허당이어도 좋다'로 정했다는 말을 들었다. 그런데 그 허당 이야기의 주인공이 바로 나다. 그 글은 예전에 '나눔의 샘'(대전교구 사회복지국 소식지)에 올랐던 것인데, 소식지에 등장할 것이라고 나에게 동의를 구하지 않고 일방적으로 통보를 하셨다. 그래서 반박문을 쓰겠다고 말한 뒤 바로 그 옆에 내 글을 올렸다. 그것이 2017년 4월 호 권두언 반박문이다. 그때 실었던 글의 전문을 올린다.

권두언이 누구길래, 이렇게 매번 책 첫 장에 글을 올리는지 진지하게 묻는 친구를 보며 배꼽 잡고 웃었던 기억이 있다. 이런 아재 개그를 무척 좋아하는 분이 있다. 일명 나눔의 샘 '권두언'인 '깜장 봉달이' 형님이다. 언젠가 봉달이 형과 점심을 먹고 가게 앞에 서 있었는데, 형이 눈짓으로 무언가를 가리켰다. 검은 비닐봉지였다. 나는 무심코 다른 쓰레기 더미 쪽으로 치운다는 생각으로 봉지를 발로 걷어찼다. 그러자 싸늘한 기운이 감돌았다. 형은 감히 어찌 '봉다리'를 발로 찰 생각을 하느냐며 작은 눈을 크게 부릅떴다. 분신처럼 느껴졌나 보다. 형의 별명을 뒤늦게 떠올리며 나는 그저 웃었다. 아니 웃어 줬다.

이런 식으로 봉달이 형은 가끔 오로지 웃음 유발을 위해 나에게 함정을 설치한다. 독자들은 알겠지만 얼마 전에 나는 글의 소재가 됐다. 샴푸에 대한 글이었는데, 이번에는 칫솔과 관련된 글을 쓴다는 말을 들었다. 그래서 이렇게 반박문을 쓴다. 사실 나는 억울하다. 사건 당일 샴푸는 신발장 위, 거울 앞에 있었다. 그날은 봉달이 형 거실에서 자고, 출근하기 위해 신발장 앞에서 거울을 보고 있었다. 숱이 많은 나는 부스스한 머리를 정리한다고 그 거울 앞에 있는 것을 머리에 발랐다. 물론 간단히 살펴보았다. 분명 영어로 'hair'(헤어)라고 적혀 있는 것을 확인한 후였다. 그런데 뒤에서 형이 숨이 넘어갈 정도로 배를 잡고 웃고 있었다. 머리를 다시 감았다. 샴푸가 욕실이 아닌 신발장 위, 거울 앞에 있는 건 분명 함정이었고, 아무런 합의 절차 없이 나는 그 글의 소재가 되었다.

그 일을 잊고 지내던 어느 날, 봉달이 형과 산행을 하고 내려와 고기에 소주를 맛있게 먹었다. 그날은 공교롭게 형이 먼저 방에 들어가게 되었는데, 감사하게도 이부자리가 펴져 있었다. 나보다 한~참 선배인 형의 후배에 대한 배려였다. 고맙다고 할 겨를도 없이, 형은 이미 꿈나라였다. 욕실에 가 보니 내가 쓰던 칫솔까지 꺼내져 있었다. 배려였다. 다음 날, "창수야! 너 혹시 그 칫솔을 쓴 건 아니지?"라고 물었다. 뭔가 심상치 않았다. 그러고 나서 나는 또다시 글의 소재가 되었다.

난 허당이 아니다. 상상력과 추리력이 풍부할 뿐…. 허당?

나에게 추천사라니

(…) 그런데 기분이 나쁘진 않다. 이리저리 따지고 재야, 제대로 누리며 살 수 있는 양, 서로 눈에 불을 켜는 모습을 보면 얼굴이 찌푸려진다. 물론 때로는 제대로 따져야 한다. 그러나 서로 웃을 수 있는 공간, 여백, 허당이 있어야 한다. 그런 곳에서 우리는 여유를, 미를, 행복을 발견한다. '나는 또 한 번 행복이란, 포도주 한 잔, 밤 한 알, 허름한 화덕, 바닷소리처럼 참으로 단순하고 소박한 것임을 깨달았다.'는 니코스 카잔차키스의 글처럼 행복은 그런 것 같다. 이런 글을 쓸 수 있는 것도 소박한 행복임을 안다.

글 속에 등장하는 내 모습과 실제의 나는 분명 다르다고 말하고 싶지만 내가 볼 때도 뭐 크게 다르지는 않다. 다만 그래도 그런 모습을 재미나게 바라봐 주는 사람이 있어서 다행이다. 봉달이 형이 항상 그러는 편이다. 같은 것을 보더라도 항상 아재 개그와 더불어 "크크크, 재미있지?"라고 말을 건넨다. "나 신부님과는 나이 차가 많이 나지 않나요?"라는 말을 듣곤 한다. 그런데 나이 차를 극복하신 건지 젊게 살려고 노력하는 건지 9년이나 선배인데 평소에 친구처럼 지내고 있다. 봉달이 형과는 사회 복지라는 공통 분모뿐만 아니라 걷는 것, 먹고 마시는 것을 좋아하는 연결 고리가 있어서 많은 곳에 함께 다니게 됐다. 그리고 몇 년 전부터 한국에 있는 성지에 같이 다니면서 여행 겸 순례를 했다. 그래서 함께한 이야기들이 소재로 많이 올라갔다.

그래서 얼마 전 봉달이 신부님으로부터 두 번째 책 '추천사'를 써 달라는 부탁을 받았다. 나는 추천사를 쓸 만한 사람이 아니라고 생각했고, 굳이 왜 나이 어린 후배에게 그런 부탁을 하시는지 그 저의가 궁금해졌다. 그래서 신부님께 정중하게 거절하려고 말을 꺼냈다. "다른 추천이면 열과 성을 다하겠는데, 저는 추천사를 써 본 적도 없고, 보통 추천사는 사회적 지위와…."라고 말하고 있는데, "됐고! 출판사에 그렇게 한다고 했으니까. 부탁한다." 그러고는 사회적 지위가 높은 분의 틀에 박힌 것 같은 형식적인 추천사보다 친구처럼 지내는 후배의 추천사가 더 파격적일 것 같아 부탁한다고 말씀하셨다. 나 신부님의 첫 번째 책『가끔은 미쳐도 좋다』를 이미 접해 봤던 사람들은 알겠지만 쉽게 읽히는 책이다. 평소 다니던 미용실 책꽂이에 그 책이 꽂혀 있는 것을 보면서 원장님께 "어느 성당 다니셔요?"라고 물어봤던 기억이 있다. 신앙생활을 하지 않는다는 말을 들었을 때 '누구나 편하게 볼 만한 내용이구나!'라고 생각했다.

보통의 형식을 깨는 파격적인 추천사 제안에 나도 역시 틀을 벗어나는 추천사가 되기를 희망하면서 예수님 말씀을 묵상했다. "너희는 말할 때에 '예.' 할 것은 '예' 하고, '아니요.' 할 것은 '아니요.'라고만 하여라."(마태 5,37) 나는 이번에도 예수님 말씀을 지키지 못했다. 단박에 '아니요!'라고 했어야 했는데…. "됐고!"가 "…that go…!"로 들리는 듯한 느낌이었다. 추천사에서 흐르는 느낌대로 '사는 이야기', '먹는 이야기', 때로는 '쉬는 이야기'가 될 것이다. 누구나 한 번씩은 경험해 봤던 일들도 자유로운 시선으로, 따뜻한 시선으로 바라보는 연습도 함께하리라 생각한다. 신앙이 삶인 것처럼, 삶 안에서 신앙을 발견할 수 있는 시간이 되기를 바란다.

천안용곡동 성당 주임 신부 변창수 시메온

머리말

30여 년 전 대전 판암동 성당 신학생이던 시절, 주임이셨던 곽명호 루카 신부님이 어느 신부님의 책을 들고 말씀하셨다. "봉달아! 너랑 나랑은 세월이 한참 흐른 뒤에라도 책은 펴내지 말자! 아무도 안 읽을 책을 왜 종이 아깝게 개나 소나 다 펴내는 걸까?" 그때 전적으로 동의하면서 "예! 맞아요!"라고 대답했었다. 그런데 나, 봉달이는 암묵적인 그 약속을 깨고 2015년 『가끔은 미쳐도 좋다』에 이어 이번에는 『가끔은 허당이어도 좋다』를 출간한다.

첫 번째 책이 10년 넘게 23쇄까지 출간됐고, 그동안 받은 3천만 원 넘는 인세를 사회 복지 기금으로 넘겼다. 그리고 책을 읽은 많은 사람이 선한 마음으로 좋은 일에 쓰라고 성금을 보내 주셨고, 지향대로 어려운 이웃들에게 전달됐다. 그러니 1권 이후에 썼던 글을 그냥 묻어 두기는 조금 아쉬웠다. 그러던 중에 의정부교구 동기인 도현우 신부를 통해 성바오로출판사 서영필 안젤로 신부님께 원고가 넘어갔고, 감사하게도 서 신부님 덕분에 두 번째 책이 세상에 나오게 됐다.

참고로, 천주교 대전교구 사회사목국장 신부로 지냈던

2014년부터 2020년, 그리고 솔뫼성지 전담 신부로 지냈던 2022년부터 2024년까지, 약 10년 동안 후원회 소식지에 올렸던 글과 2021년 안식년에 썼던 글이 시간 순서대로 나온다. 그리고 현재 유흥식 라자로 추기경님과 김종수 아우수스티노 대전교구장 주교님이, 이 책에서는 당시의 소임대로 각각 교구장과 총대리로 나온다.

책이 출간되는 시점인 2025년 현재, 봉달이 신부는 무려 12년 만에 본당 발령을 받아 천안쌍용동 성당에서 교우들과 아주 행복하게 지내고 있다. 이곳에서도 여전히 사목에 관계된 에피소드가 만들어지고 있고, 사랑스러운 교우들과의 추억을 틈틈이 글로 남기면서 지내고 있다.

평범한 신부로 살아가는 한 사제의 일상을 엿보면서 독자들이 한 번이라도 웃고, 마음이 따뜻해지고, 위로를 받길 바라는 마음이다. 책에 등장하는, 현재 호주 시드니 한인 성당에서 사목 중인 백현 신부, 천안용곡동 주임 변창수 신부, 사회복지국 직원들, 솔뫼성지 관련 식구들, 지인들, 가족들, 그리고 이 책의 출간에 도움을 주신 모든 분에게 진심으로 감사드린다.

2025년 8월 1일
천안쌍용동 성당에서, 나봉균 요셉 신부

차례

추천사
나에게 추천사라니
머리말

후배는 아랫사람이 아니다 17 만들어지는 기적도 있다 20 사제는 예수가 아니다 23 희망은 있다 26 땡땡이 29 슈퍼맨은 없다 32 기승전 자랑 35 아빠가 미안해 38 '거슬러' 문화 41 권력 44 입국 심사 47 디지털과 아날로그 50 갑을 관계? 53 사람 마음을 사야 한다 56 당연한 것은 없다 59 결국은 사람이다 62 가능성은 열려 있다 65 직진 본능 68 가끔은 허당이어도 좋다 71 눈 하트 74 사회사목국 보고드리겠습니다! 77 안구 정화(眼球淨化) 80 미소가 예쁘지 않은 사람은 없다 83 행복할 자격 86 관계의 완성은 유머다 89 약자(弱者) 배려 92 변태(?)가 많아지게 하소서! 95 방귀쟁이 뿡뿡이 98 어이없는 일 101 이탈은 성장의 기회다 104 때로는 그놈, 돈이 구원이고 사랑이다 107 체험은 나눠야 제맛이다 110 통계는 답을 알고 있다 113 사람도 상품이다?! 116 사람이 선물이다 119 마음 강탈자 122 감추어진 좋은 것 125 사람을 미워할 이유는 없다 128 그러거나 말거나 131 밥상 134 쥐 137

친구 140 먼저 물어봐 줘야 한다 143 사람은 스토리(story) 모음집이다 146 나눔은 흔적을 남긴다 149 주사파(週四派) 주교?! 152 욕심을 내려놓아야 차선책이 보인다 155 뜸 158 혼자가 아니다 161 민폐 인간 164 시그널(signal) 167 기회를 놓치지 말아야 한다 170 안 본 눈 삽니다 173 금연 176 수염 길러 보기 179 가족여행 182 살림은 억지로 해서 될 일이 아니다 185 취급 주의 188 사람은 다 거기서 거기다 191 괜찮아~! 194 속(內) 197 아미산 200 개무시 203 많은 것들과의 전쟁 206 줄 때가 아니라 줄 때 더 행복하다 209 내 편 212 작용하는 힘 215 잦아지면 습관 된다 218 만들어 낸 복이 더 값지다 221 행복은, 미루는 게 아니다 224 가끔은 땜빵도 좋다 227 페이지를 넘겨야 한다 230 마음을 살필 줄 알아야 한다 233 기능인으로 살지는 말아야 한다 236 신앙은 짐이 아니라 힘이다 239 불편함으로 돌아가야 한다 242 '열심히'가 아니라 '기쁘게' 245 마음을 사든지 경계를 두든지 248 도망이 답은 아니다 251 가끔은 역행이 좋다 254 나만 모를 수 있다 257 허물 것은 내 안에도 있다 260 울리거나 올리거나 263 내버려두어라 266 상처는 싸매 줘야 한다 269

후배는
아랫사람이 아니다

대전 현충원 둘레길 산책을 했다. 산책하기 정말 좋은 곳이었다. 그런데 어마어마하게 넓은 땅이 온통 무덤이요 비석이었다. 계급별로 그 규모도 달랐다. 특히 최규하 전 대통령의 무덤은 거의 왕릉 수준이었고 24시간 경비까지 선다고 했다. 개인적으로는 그 모든 사실이 안타깝고 아쉬웠다. 세상을 떠난 사람을 기억하는 것은 마땅하고 옳은 일이다. 하지만 누구나 똑같이 한줌 흙으로 돌아가는데 그 포장 방식이 지극히 남은 사람 중심이다. 죽어서까지 누구는 높고 누구는 낮다. 계급이 높으면 무덤도 비석도 크다. 돈이 많아

도 사사로이 그렇게 꾸밀 수 있다. 하느님 나라는 다를 것이라 믿는다. 아! 내 무덤은 아예 없었으면 좋겠다.

비교적 강한 인상에 비해 내 성품은 의외로 부드러운 편이다. 그런데 가끔 튀어나오는 더러운 성질은 세월이 지나도 여전히 안녕하시다. 그래서인지 드물지만 한번 욱하면 위아래가 없다. 어릴 때 싸움질을 덜 했는지 신학생 때도 그렇고 신부가 된 지금까지도 상황을 주먹다짐으로 종료하고 싶은 마음이 들곤 한다. 한마디로 성격이 지랄 같다. 그나마 다행인 것은 성질을 부려도 주먹다짐까지는 가지 않는다. 자기가 뭐 잘났다고 존중을 꼭 받아야 하고, 남들도 존중받아야 한다. 그렇게 존중받는 느낌이 없으면 위아래가 보이지 않고 그놈의 더러운 성질이 튀어나온다. 사실 윗사람은 윗사람다워야 한다. 그리고 아랫사람이란 아예 없다고 본다. 도대체 누가 아랫사람이라는 말인가? 착각 속에서 사는 사람들이 참 많다. 높은 자리에 오를수록 자기가 정말 윗사람인 줄 안다. 또 나이가 많아도 윗사람인 줄 안다. 그 어떤 관계든 선배 후배가 있을 뿐 선배가 윗사람은 아니다. 다시 말해 후배는 아랫사람이 아니다. 직장에서 신입 사원은 아랫사람이 아니다. 단지 일을 시작한 지 얼마 되지 않은 사람이고, 그래서 일의 역할과 책임의 정도가 다를 뿐이다. 봉사자들도 마찬가지다. 다양한 곳에 봉사자가 많은데 그들은 으레 막 부려 먹어도 될 일꾼이 아니다. 봉사자가 아랫사람이 아님은 말할 필요도 없다. 그들의 봉사는 절대 당연한 것이 아니다. 그런데 도대체 똥오줌을 못 가리는 사람들이 있다.

기본적인 사회 질서라고 할 수 있는 나이나 선후배 관계 등을 무시할 수는 없다. 그러나 그런 것들을 뛰어넘을 수 있어야 한다. 그래야 윗사람이고 큰사람이다. 마음에서부터 우러나오는 큰사람 대접을 받을 수 있는 사람은 본인 스스로 권위적인 기존 틀을 깨고 낮아진 사람이다. 정작 그런 사람이 하느님을 믿는 사람이다.

"너희 가운데에서 가장 작은 사람이야말로 가장 큰 사람이다."(루카 9,48)

만들어지는 기적도 있다

혈액형이 A인 사람들은 소심하고 세심하고 지랄맞다고 해서 우스갯소리로 성격이 '소세지'란다. 그렇다면 나는 '소세지'가 맞다. 아마 그냥 소세지 수준을 넘어 '왕소세지'급은 되지 않을까 싶다. 사실 어릴 때는 더했었다. 낯선 환경에서는 잔뜩 긴장하는 탓에 사람들 앞에서 책을 읽는 것조차 버거워했을 정도다. 그래서인지 떨리는 목소리로 독서하는 신자들을 보면 너그러운 마음이 절로 든다. 지금도 긴장하는 버릇은 여전하지만 그래도 많이 나아졌다. 미사 때 신자들이 많을수록 오히려 더 힘차게 강론하는 대범해진 모습에

스스로 깜짝 놀라곤 한다. 예전에 비하면 이건 뭐 거의 기적 수준이다. 욱하는 성격은 그대로지만 소심하고 세심했던 사람이 엄청나게 변했다. 개인 노력의 결과라기보다는 부족한 한 인간을 사제로 써먹기 위한 주님의 이끄심이요, 그분께서 만들어 주신 기적이라고 본다.

몇 년 전, 장애인을 위한 시설 건축을 위해 후원회 소식지와 대전교구 주보에 글을 썼는데 몇 억이 단기간에 모금되는 기적 같은 일을 체험했다. 작년에도 교황님과 함께하는 청년대회에 돈이 없어서 참여하기 어려운 아시아의 청년들을 위해 '통 큰 나눔을 희망합니다!'라는 글을 쓰고 모금했는데 비교적 짧은 기간에 5천만 원 가까운 돈이 모였다. 도저히 있을 수 없는 일이 벌어지는 것만이 기적은 아니다. 따뜻한 마음을 가진 사람들을 통해 이렇게 만들어지는 기적도 있다. 그런 기적은 각박한 현실을 사는 이들에게 얼마나 큰 감동을 주는지 모른다. 그나저나 왜 또 이런 말을 꺼내고 있을까?

'대전자모원'이라는 곳이 있다. 미혼모와 그 아기들을 돌보는 시설이다. 어쩌다 미혼모가 되었는지는 모르지만, 가족의 반대나 사회적 편견에도 불구하고 생명을 포기하지 않고 아기를 낳은 그들의 용기가 존경스럽고 사랑스럽다. 바로 그들이 살고 있는 '대전자모원'이 기존 14명 정원에서 33명이 지낼 수 있는 시설로 거듭나고자 증축 공사 중이다. 지자체의 지원도 있지만 그것만으로는 턱없이 부족하여 또다시 통 큰 나눔을 희망한다. 이번에는 '만들어지는 기적도 있다!'라는 제목으로 모금을 시작하고 있는데 또 어떤 기적이 만들어질지 벌써 가슴이 살짝 두근거린다. 가난한 이웃, 소외된 이웃들을 위한 돈이 모이는 것도 정말 큰 기적이다. 주님께서는 우리에게 또 하나의 기적을 만들어 보라고 하신다. 단언하건대 만들어지는 기적도 있다.

"가난한 이에게 자비를 베푸는 사람은 주님께 꾸어 드리는 이, 그분께서 그의 선행을 갚아 주신다." (잠언 19,17)

사제는
예수가 아니다

나는 아직 어리거나 젊은가 보다. 아직도 늦잠 자는 게 좋다. 기회는 별로 없지만 덧잠 자는 것도 좋다. 시간 제약 없이 푹 자고 자연스럽게 눈을 뜰 수 있는 날의 그 행복감은 다른 무엇과도 바꾸거나 놓치고 싶지 않다. 나이 들수록 잠이 없어진다는데 생각이 없어지고 철이 없어지고 있다. 아무래도 나이를 건성으로 먹고 있거나 나이를 빗맞고 있다. 그래서일까? 나이 들수록 너그러워져야 하는 법인데 자기 생각만이 옳은 양 건방을 떤다. 세상 웬만큼 좀 살아봤다고 툭하면 지적질에다가 고집불통이다. 자기가 예수쯤

되는 줄 착각한다. 만일 그렇다면 정말 큰 병에 걸린 셈이다. 결코 사제는 예수가 아니다. 사제는 예수를 닮아야 할 평범한 또 하나의 신앙인일 뿐이다. 선을 넘지 말아야 한다.

내 뱃속에 살고 있던 거지가 죽었나 보다. 전에는 끼니를 거르거나 행여 식사 시간이 조금만 늦어져도 머리가 아파 도무지 견딜 수가 없었다. 그 두통 때문에 남들 흔히 하는 효소 단식 한 번을 못 했다. 그런데 요즘은 끼니때가 웬만큼 지나도 그럭저럭 괜찮다. 아무래도 거지가 죽었든지 거지가 쌓아 놓은 지방 덩어리가 때를 잘 맞춰 타고 있나 보다. 물론 그럼에도 뱃살은 여전히 잘 붙어 계시다. 그리고 뱃살만큼이나 끈덕지게 착 달라붙어 있는 것이 또 있다. 척하는 모습이다. 참으로 오랜 날들을 착한 척, 거룩한 척, 가난한 척, 똑똑한 척하면서 살았다. 그렇게라도 해야 조금이라도 신부다워질 줄 알았다. 어쩌면 척하면서 살았기 때문에 그나마 이만큼인지도 모른다. 그런데 갈수록 목마르다는 생각이 든다. 척으로는 채워지지 않는 갈증이 차오르는 느낌이다. 단지 음식만을 탐내는 뱃속의 거지가 아니라 해로운 것까지도 거침없이 탐내고 있는 내 삶 속의 거지가 죽었으면 좋겠다.

나는 요즘 많이 부끄럽다. 본인을 기초 생활 수급자라고 소개한, 허름한 차림의 노숙자 한 분이 사무실에 찾아오셨다. 해외에 사는 굶주리는 아이들을 위해 써 달라면서 통장을 털어, 가진 돈의 거의 전부인 500만 원을 내놓으셨다. 좋은 지향이 담긴 크고 작은 돈을 나름 꽤 받아 봤지만 사람을 참 멍하게 만드는 돈이었다. 그분이 떠난 후 생각을 거듭할수록 스스로가 부끄럽고 그분이 존경스러웠다. 겉모습만 허름했지 정작 그분이 예수님이었다. 오히려 성직자인 나는 가난하지도 않고 거룩하지도 않다. 정말 부끄럽다. 사제는 결코 예수가 아니다. 그러나 예수를 닮은 사제들은 있다. 이제 나도 좀 그러고 싶다.

"가난한 자같이 보이지만 실은 많은 사람을 부유하게 합니다. 아무것도 가지지 않은 자같이 보이지만 실은 모든 것을 소유하고 있습니다."(2코린 6,10)

희망은 있다

　　대전 용전동 천주교 교구청 정문 앞에는 예식장과 부속 주차장이 있다. 결혼하기 좋은 계절에는 인근에 자동차들이 많아 주말마다 불편을 겪곤 한다. 교구청에 사는 우리가 피해를 보고 있으니 예식장이 그다지 좋은 이웃은 아니다. 그런데 한번은 예식장을 가까이 둔 덕분에 크게 웃은 적이 있다. 눈에 잘 띄는 곳에 이런 내용의 현수막이 걸려 있었다.

　"주여, 김○○ & 박△△ 커플에게도 우리와 같은 지옥을 맛보게 하소서!"

　생각을 하면 할수록 웃겼다. 아마도 신랑 신부의 친구들이 저지른 익살맞은 장난인 듯했다. 그 말마따나 서로 다른 남이 함께 산다는 것은 어쩌면 지옥일지도 모른다. 예식장이 생겨서 가끔 불편하다. 그런데 다행이다. 웃음을 줄 때도 있다.

　교구청에 사는 이 모 신부님이 기르는 개 한 마리가 있다. '포인터'라는 품종의 사냥개로, 이름은 포순이다. 얼마 전부터 신부님들이 아침 식사 후에 먹다 남은 빵 쪼가리나 고구마 등을 던져 주기 시작했다. 늘 사료만 먹는 녀석에겐 특식인 셈이다. 그래서인지 매번 자기에게 음식을 던져 주는 신부님들이 식당에서 나오기만 기다린다. 나는 아무리 일찍 나와 있어도 평소에 음식을 주지 않아서인지 본체만체 무시다. 무시뿐만 아니라 어떤 때는 음식을 던져 줄 신부님이 안 보이니까 시야를 가리지 말고 저리 비키라는 시늉을 한다. 심지어 음식을 던져 주는 신부님이 있을 때는 옆에서 아무리 아는 척을 해도 그야말로 무시를 당하기 일쑤다. 나도 웬만큼 눈치는 있는 놈인데 녀석이 나를 무시하고 있는 게 틀림없다. 나쁜 개 놈! 사람을 무시하다니…. 그런데 다행이다. 녀석이 나를 보고 짖지는 않는다. 아주 고마워 죽겠다. 자식! 나를 닮았는지 눈치가 있다.

자동차 정비를 위해서 차에 싣고 다니던 것들을 잠시 빼놓았었다. 그러다가 다시 제자리에 되돌려 놓은 줄 알았는데 가벼운 등산화가 보이지 않는다. 도대체 어디에 두었는지 찾을 수가 없다. 심지어 옷장도 열어 보고 냉장고 문까지 열어 봤다. 당연하지만 잃어버린 녀석은 그 안에 없었다. 여분의 등산화가 있어서 문제 될 것은 없었지만 기분은 썩 좋지 않았다. 그런데 그 충격에서 아직 헤어나기도 전인데 일이 또 생겼다. 아침에 분명히 면도를 해서 얼굴이 깨끗한 줄 알았다. 그런데 알고 보니 면도날이 코밑은 지나가지 않았다. 다른 데는 다 깎고 콧수염은 깎지 않은 것이다. 처음 겪는 어처구니없는 일이었다. 기분이 참 떨떠름했다. 그런데 다행이다. 나는 피부색이 까매서 별로 표시가 나지 않는다.

"마음으로 자신을 단죄하지 않고 희망을 포기하지 않는 이는 행복하다."(집회 14,2)

땡땡이

나는 땡땡이 전문가다. 어떤 상황에서도 땡땡이를 궁리하고 모색한다. 원래는 땡땡이라는 말이 뭔지도 잘 모르는, 비교적 성실한 사람이었다. 그런데 장애인 사목 전담과 장애인 복지관장을 겸직하면서부터 땡땡이 실력이 부쩍 늘었다. 공식적으로 겸직이었기 때문에 사람들은 내가 어느 한 곳에 없으면 다른 곳에 있으려니 생각했다. 그런 허점을 놓치지 않고 나는 땡땡이를 치며 쏠쏠히 놀았다. 물론 겸직 특성상 쉬는 날이 일정하지 않은 이유도 있었다. 아무튼 그 당시 땡땡이 버릇이 아직 남아 있어서 툭하면 땡땡이다. 더구나 나름 신념까지 갖고 있다. 사무실에 오래 있다고 일 잘

하는 것은 아니라고. 땡땡이는 기본, 이제 잔머리 굴리는 실력까지 덤으로 늘었다. 그런데 딱 걸렸다. 주교님이나 다른 누가 아닌, 작년에 입사한 사무실 막내 노엘라에게 딱 걸렸다.

갑작스러운 한 건의 상담을 제외하고 딱히 누구를 만나지도 않으면서 온종일 사무실을 지키고 있었다. 그랬더니 평소 꾸밈없이 표현하는 노엘라가 퇴근 시간 무렵 이렇게 말했다. "오늘은 이상하네요. 국장 신부님이 땡땡이를 안 치시네요!" 순간 기절할 뻔했다. '내가 얼마나 땡땡이를 많이 쳤으면 그런 말을 아무렇지도 않게….' 그런데도 밉지 않으니 내 성격이 좋은 건지, 노엘라 성격이 좋은 건지 잘 모르겠다. 아! 아니다. 내 말실수다. 분명 노엘라 성격이 좋은 거다. 그건 그렇고, 그 땡땡이라는 말을 은근히 마음에 담고 있었는지 다음 날 이른 아침 눈을 떴는데 퍼뜩 이런 생각이 떠올랐다. '이제 땡땡이 그만 치고 일 좀 열심히 해 볼까?'

전날 갑자기 상담을 청했던 분이 고민이 생겨서 일부러 나를 찾아오셨다. 다행히 상담 이후 밝은 미소를 띠며 가셨다. 내가 구체적으로 해결해 준 것은 실제로 아무것도 없었다. 다만 이야기를 들어 주었고, 문제를 객관적으로 바라볼 수 있도록 몇 마디 조언한 것이 전부였다. 사실 그분처럼 삶이 버거운 분들이 많다. 성실히 노력하는데도 경제적, 가정적 어려움을 겪게 되고, 그래서 심지어 죽고 싶어 하는 사람도 많다. 그런데 어이없게 또 다른 곳에서는 자본주의가 도를 넘고 있다. 일부 몰지각한 사람들이 돈지랄⁽?⁾을 떤다. 그래서 가지지 못한 사람들이 상대적으로 더 힘들다. 아무튼 내가 이제 정신 좀 차려 땡땡이를 덜 치고(안 친다고는 안 함), 삶을 버거워하는 분들에게 좀 더 가까이 다가가야 할 텐데…

"굳게 서서 흔들리지 말고 언제나 주님의 일을 더욱 많이 하십시오. 여러분의 노고가 헛되지 않음을 여러분은 알고 있습니다."(1코린 15,58)

슈퍼맨은 없다

―

 사회사목 신부들은 나를 포함하여 현재 14명이다. 거의 매달 모여서 회의도 하고 식사를 하면서 친교를 나누는데 교정사목을 담당하는 마르티노 신부가 최근 식사 자리에서 재미있는 이야기를 들려줬다. 10여 년 전 실제로 겪었던 일이라는데 엄청나게 웃겼다. 어느 날 회식 자리에서 술을 마셨단다. 그래서 가까운 거리였지만 대리기사를 불렀고, 차에 타자마자 '곧장' 가 달라고 말한 뒤 스르르 잠이 들었단다. 얼마의 시간이 지난 뒤 잠을 깨우는 소리에 눈을 떴는데 주변이 어둡고 낯설었단다. 어딘지 두리번거리고 있는데 눈앞에 큰 글씨가 보이더란다. '고창' 톨게이트! 앞으로 '곧장'

가 달라는 말을 기사님이 잘못 알아듣고 전라북도 고창까지 갔단다. 똑바로 말을 해도 잘못 알아들을 수 있는 것이 말이라는 놈이다.

오래전 일이다. 나에 대한 독설로 가득 찬 긴 편지를 받았다. 편지를 읽으면서 붉으락푸르락 얼마나 화가 치밀어 올랐는지 모른다. 하지만 기도를 통해서 곧 마음을 가라앉혔고, 편지를 보낸 분을 만나 소통하면서 화해(?)할 마음까지 먹었다. 사실 인간적으로는 별로 만나고 싶지 않았다. 하지만 본디 불편함을 견디지 못하는 성격이기도 하고 목자는 삐딱한 양까지 품어 줘야 한다는 기특한 생각이 들었다. 그래서 밴댕이 소갈딱지만 했던 마음 그릇도 키우고, 과거에 유례가 없었을 만큼 자신을 낮춘 모습으로 그분을 만났다. 그런데도 그분은 여전히 일방적이었다. 본인은 정의롭고 영웅적인 사람이며, '사람들이' 그러는데 내가 독선적이고 독재적인 사람이란다. 물론 내가 얼마나 부족한 사람인지 나도 안다. 그래도 그렇지 대놓고 굳이 그렇게까지 말해야 하는 걸까? 그날의 노력과 인내는 거기까지였다. 그분은 '사람들이'라는 말로 본인의 생각을 일반화하고 정당화하려고

만 했다. 그런데 내가 아는 한 '사람들이' 아니라 '사람(들)이' 그랬다.

사람마다 생각이 다를 수 있다. 그런데 마치 본인 생각만 옳은 것처럼 말하면 그것은 폭력과도 같다. 우리는 누군가의 분신, 아바타가 아니다. 다른 누가 생각하는 대로 거기에 맞춰서 살 필요는 없다. 아바타의 삶을 사는 사람이 있어서는 안 된다. 또한 우리는 슈퍼맨도 아니다. 세상 모든 사람을 다 만족시킬 수는 없다. 우리는 모두 부족함을 안고 살아가는 한 인간일 뿐이다. 원래 완벽한 인간은 없다. 그리고 완벽할 필요도 없다. 허점이 좀 있어야 오히려 더 인간적이다. 아이들이 들으면 싫어하겠지만 슈퍼맨은 없다.

> "여러분의 입에서는 어떠한 나쁜 말도 나와서는 안 됩니다.
> 필요할 때에 다른 이의 성장에 좋은 말을 하여,
> 그 말이 듣는 이들에게 은총을 가져다줄 수 있도록 하십시오."(에페 4,29)

기승전 자랑

내 책상 위에는 돌돌 말린 5만 원짜리 지폐가 연필꽂이에 꽂혀 있다. 본당 신부로 있을 때 어떤 할머니가 고해실에서 건네주신 돈이다. 할머니는 고해성사를 간단하게 마친 다음 내가 앉은 쪽으로 돌돌 말은 돈을 밀어 넣으며 말씀하셨다.

"신부님! 나같이 못 배운 노인네도 알아듣기 쉽게 강론해 줘서 고마워유."

"그런데 이게 뭐래유? 그 마음만 고맙게 받을 테니 돈은 가져가유!"

"그냥 아무 말씀 말고, 맛있는 거 사 드슈!" 쾅!(문 닫는 소리)

'어어어어어, 여기서 이러시면 안 되는데….'

기습적인 공격⑵에 속수무책으로 앉아서 당했고⑵ 손에는 5만 원짜리 지폐가 쥐어져 있었다. 돌려드리겠다고 밖으로 나가 실랑이를 벌일 수는 없었다. 돈을 본 내 눈이 이미 뒤집혔기 때문이다?! 사실 그때 돈이 아니라 흐뭇한 마음을 챙겼다. 몇 년이 지난 지금까지도 일부러 그 돈을 놓아두고 가끔 한 번씩 보면서 그날의 행복을 되새김질하곤 한다. 지금 나는 자기 자랑하고 있는 거다.

아무리 내가 땡땡이 선수라지만 바쁠 때도 있는 법, 최근 한 주간 내내 일정이 꽤 많았다. 더구나 거의 매일 저녁 회식하느라 몸도 피곤했다. 그래서 주말에는 푹 쉴 계획을 잡았고, 푹 쉬고 있었다. 그런데 사회사목의 동반자요 마누라처럼 나를 챙기는 차장 윤 신부한테 문자가 왔다.

"혹시 저녁 약속 있으세요?"

"아니, 없는데…."

"어~ 혹시 그럼 대창 구이 생각 없으신지요? ㅋㅋ"

"어어어어, 그래. OK!"

신부들은 다 안다. 아무리 관계가 좋아도 그런 제안은 쉽지 않다. 고백하건대 보좌 신부로 지내던 시절에 내가 그런 제안을 해 본 기억은 없다. 윤 신부가 나를 편하게 생각하는 것 같아 기분 좋았고, 그 파격적인 제안 덕분에 피로가 가셨다. 기꺼이 함께했고, 얻어 먹어서 그런지 더 맛있었다. 나 지금 또 자기 자랑하는 거다.

누가 그러는데 내가 하는 말은 항상 자기 자랑으로 끝난단다. 그래서 내가 하는 말은 '기승전결'이 아니라 '기승전 자랑'이란다. 맞는 말이다. 나는 자랑하기를 좋아한다. 그리고 별로 자랑거리가 아닌 일도 드러내기를 어려워하지 않는다. 좋으면 좋다고, 싫으면 싫다고, 고마우면 고맙다고, 서운하면 서운하다고 자기감정을 적절한 방법으로 드러내고 표현할 필요가 있다. 자랑이 다 나쁜 것만은 아니며, 감추는 것이 다 좋은 것도 아니다.

"알맞게 표현된 말은 은 쟁반에 담긴 황금 사과와 같다."(잠언 25,11)

아빠가 미안해

'개그콘서트'라는 TV 프로그램에 '사둥이는 아빠 딸'이라는 코너가 있었는데 제목 그대로 아빠와 함께 봄, 여름, 가을, 겨울이라는 이름의 딸들이 나온다. 그런데 봄, 여름, 가을이는 예쁘고 귀엽고 깜찍한데 겨울이는 못생겼다. 그 못생긴 겨울이에게 아빠가 입버릇처럼 하는 말이 있다. "아빠가 미안해~"라는 말이다. 때로는 사둥이가 아빠의 잘못된 행동을 흉내 내곤 하는데 그때도 "아빠가 미안해~"라고 한다. 그 모습이 웃기면서도 인상적이다. 그 말이 유행한 지는 꽤 시간이 흘렀는데 나는 오히려 요즘 들어 그 말을 자주 한다. 어떤 일이 있을 때 그냥 웃어넘기자는 뜻으로 그 말을 한다. 이를테면 이런 식이다.

"○○ 시설이 어렵단다. 예산에는 없지만 300만 원 송금해 주렴!"

(회계 담당 직원)"저희 통장에도 잔고가 90만 원밖에 없는데요?"

(개그콘서트 대사처럼)"아빠가 미안해~"

(회계 담당 직원이 빵 터져서 웃다가)"통장 하나 깨서 보낼까요?"

"그렇게 하자! 아빠가 거듭 미안해~"

사회 복지 일을 하면서 돈이 넉넉해 본 기억이 없다. 그렇다고 돈이 없어서 아등바등 걱정해 본 기억 역시 없다. 돈이 없으면 없는 대로, 되는 만큼, 가진 만큼, 있는 만큼 도우면 된다. 그리고 추구하는 방향만 올바르면 어떤 방식으로든 돈은 생긴다.

지난 추석 전날 밤이었다. 가족들과 모여 행복한 시간을 가진 뒤 소화를 시킬 겸 교구청까지 걸어가던 길이었다. 사람들이 별로 다니지 않는 천변 다리 밑 쓰레기봉투 더미에 사람이 누워 있는 모습이 보였다. 잠을 자고 있었는데 술에 취한 사람 같지는 않았다. 왜 하필이면 쓰레기봉투 더미를 택하여 거기에 기대어 자고 있었는지 알다가도 모를 일이었다. 깨워서 여차하면 돈을 줄지 고민하다가 그만두었다. 잠을 자고 있지만 않았다면 시도해 봤을 텐데 굳이 잠을 깨우면서까지 그러고 싶지는 않았다. 그런데 명절 전날이라서 더 그런 느낌이 들었는데 가슴이 짠하면서 왠지 모르게 눈물이 핑 돌았다.

어쩌면 그분도 누군가의 아빠일 수 있다. 최선을 다해서 살았는데 한계에 부딪혀 "아빠가 미안해~" 하고 나와, 일부러 쓰레기봉투 더미에 몸을 맡긴 채 자책하고 있었는지 모른다. 무능력해서 미안하고, 돈이 없어서 미안하고, 남들처럼 풍요롭게 해 주지 못해 미안할 수는 있다. 하지만 돈이 없으면 없는 대로, 되는 만큼, 가진 만큼, 있는 만큼으로 행복할 수 있어야 한다. 그래야 아빠다. 그래야 가족이다.

"돈 욕심에 얽매여 살지 말고 지금 가진 것으로 만족하십시오." (히브 13,5)

'거슬러' 문화

같은 업종⑦에서 사목하고 있는 세종시 장애인 복지관장 변 신부는 대전에 나올 일이 있으면 가끔 교구청 내 방 거실에서 자고 간다. 얼마 전 아침에 있었던 일이다. 나는 거실 책상에 앉아 강론을 쓰고 있었고, 변 신부는 세수하고 나와 거실 출입문 쪽 거울 앞에 서서 멋을 내고 있었다. 얼핏 봐도 자기 얼굴 보면서, '자식! 잘생겼단 말이야!' 뭐 이런 표정이있다. 하지만 그 순간 나는 또 다른 생각을 하고 있었다. '분명히 세수를 한 놈인데 어쩌면 저렇게 얼굴이 부스스할 수 있지? 누가 봐도 술이 덜 깬 얼굴이야!' 아니나 다를까 뭔가 바를 것을 찾는 시늉을 하더니 결국 말릴 겨를도 없이 일을 내고야 말았다.

"그거 샴푼데!"

좋은 제품이라고 해서 몇 번 써 봤는데 나한테 맞지 않아 돌려주려고 꺼내 놓았던 샴푸를 머리에 바른 것이다. 사실 거울 앞에 샴푸가 있을 것이라고 누가 상상하겠나! 그런데 그것을 유심히 훑어보다가 머리에 바를 줄이야… 덕분에 한바탕 크게 웃었다. 철두철미한 사람보다는 변 신부처럼 어설픈⑺ 사람이 좋다.

최근에 자동차 연비에 대해 질문을 여러 번 받았다. 아마 내 차가 흔히 말하는 '오토'가 아니라 '스틱', 수동식 변속기어라서 물어보는 것 같다. 매번 같은 대답을 하는데 내 자동차 연비는 그 어떤 차종과 비교해 봐도 거의 최고 수준이다. 이미 10년 넘게 탄 디젤 엔진 특성상 기본적으로 승차감이 별로다. 그래서 주인인 나조차 웬만하면 걷거나 버스를 타든지 남의 차를 얻어 타곤 한다. 그러니 연비가 좋을 수밖에…. 그럼에도 내 차에 대한 남다른 애정이 있다. 갈수록 떨림과 소음이 심해져서 한때는 갈라설까 마음을 먹었다. 하지만 그런 마음을 잠재우려고 전기 광택도 내 주고, 내비

게이션과 후방 카메라도 달아 주었다. 그리고 앞으로 10년 더 탈 생각으로 자동차 내부까지 관리를 받았다. 누구나 성능 좋은 새 차를 선호한다. 그러나 헌 차를 관리하며 타는 것도 재미랄지 매력이 쏠쏠하다. 심지어 헌 것만이 줄 수 있는 또 다른 풍요로움이 있다. 물질만능주의와 지나친 소비주의 문화가 사람들을 집어삼키려고 한다. 그런 문화가 없을 수는 없지만 그나마 신앙을 가진 사람들이라도 일정 부분 맞서야 한다. 어차피 세상은 늘 최고의 것과 새로운 것에 열광할 것이다. 하지만 우리는 거슬러야 한다. 그리스도인은 강을 거슬러 올라가는 물고기와도 같다. 흐르는 물을 거슬러 올라가는 물고기처럼 우리도 그렇게 '거슬러' 문화를 살아 내야 한다. 그래야 참된 행복에 가까울 수 있다.

> "육이 욕망하는 것은 성령을 거스르고,
> 성령께서 바라시는 것은 육을 거스릅니다"(갈라 5,17)

권력

교구청 사제 휴게실에는 공기 청정기가 있다. 음식 냄새 등으로 인해 공기가 탁해지면 자동으로 작동했던 것으로 기억한다. 얼마 전, 뭔가를 가지러 사제 휴게실에 혼자 들어갔는데 들어가자마자 요란한 소리를 내면서 공기 청정기가 작동했다. 나도 모르는 사이에 내 입에서는 이런 말이 튀어나왔다. "저~이~씨~ 내가 오염 덩어리냐?" "아! 가만! 저 녀석 천잰데? 내가 오염 덩어리인 줄 어떻게 알았지? …." 대단한 능력이 탑재된 공기 청정기다. 나를 제대로 알아봤다.

검은 봉다리를 머리에 쓰고 다니는, 일명 '봉다리 할머니'

가 있다. 교구청 근처에서 길을 가다가도 마주치고, 혹은 교구청 가까운 식당에 있을 때도 가끔 들어오시기 때문에 마주친다. 그런데 동냥을 딱히 적극적으로 하시진 않는다. 도대체 무슨 사연이 있기에 남루한 차림으로 다니는지, 처지가 정말로 어렵긴 한지 궁금했다. 게다가 왜 별명이 '봉달이'인 나와 아무런 합의 없이 하필이면 검은 봉다리를 머리에 쓰고 다니는지도 궁금했다. 그런데 단골로 다니는 식당 아주머니 말씀이, 그 할머니가 소유한 집만 세 채란다. 어쩌면 가엾고 딱해 보이는 것도 능력이라면 능력이다. 그런데 그것이 무엇이든 간에 남용되지 않았으면 좋겠다. 헷갈리게 하는 분들 때문에 정작 도움이 필요한 사람이 혜택을 못 받는 경우가 있다.

사회 복지 시설들이 많다 보니 직원들도 몇 백 명이다. 그들에 대한 인사권이 나에게 있으니 얼핏 세속적으로 보면 엄청난 권력을 가지고 있는 모양새다. 그런데 벌써부터 내려놓을 날을 기다리고 있는 것으로 보아 자리에 연연하지는 않는 것 같다. 그럼에도 사랑과 따뜻함이 넘치는 공동체를 만들고 싶은 욕심은 있다. 그래서 시설 책임을 맡은 분들에게 항상 강조한다. 업무 성취에 앞서 직원들로부터 존경과 사랑을 받으라고! 직원들을 행복하게 해 주라고! 그래야 가톨릭 교회가 사회 복지를 하는 근본 이유인 카리타스(Caritas, 사랑)를 제대로 드러낼 수 있다고! 그런데도 시설 책임자 때문에 직원들이 힘들어하거나 그만두려고 한다는 이야기를 가끔 접하게 된다. 그럴 때마다 마음이 아프다. 나중을 위해 그런 정보를 마음에 담아 두고만 있고 우선은 모른 척한다. 그러다가 에둘러 표현하거나 대놓고 이야기하는데도 변하지 않는 것을 보면 알아듣지 못한 것이다. 존경을 받을 자리에 있으면서 비난을 받는 사람들이 참 안타깝다. 권력은 휘두를 때가 아니라 남을 섬길 때 빛이 나는 법이다.

"너희의 권력은 주님께서 주셨고 통치권은 지극히 높으신 분께서 주셨다. 그분께서 너희가 하는 일들을 점검하시고 너희의 계획들을 검열하신다."(지혜 6,3)

입국 심사

사회사목을 하는 신부들 14명이 한 명도 빠짐없이 태국 푸껫으로 가는 비행기를 탔다. 자비(慈悲)의 희년을 맞이하여 자비(自費)로 떠난 해외 연수였다. 하지만 알 만한 사람들은 다 안다. 명목만 해외 연수라는 것을! 그 누구도 공부할 생각이 없었다. 같은 분야에서 사목하는 신부들끼리 그저 같이 쉬고 먹고 노는 데에 의미를 두었다. 그런 우리의 속셈이 빤했나 보다. 주교님들도 다 아시는 눈치였다. 그럼에도 격려금을 챙겨 주셔서 고마웠다. 그건 그렇고 동남아시아로 여행을 갈 때마다 일행들에게 늘 듣는 말이 있다. 입국 심사를 내국인 쪽에서 받아야 하는 것이 아니냐는 말이다.

나도 안다. 생김새나 피부색으로 볼 때 그럴 만도 하다. 더구나 내국인 입국 심사대 줄이 짧은 경우 거기에 서고 싶은 마음이 굴뚝같을 때가 있다. 하지만 어쩌란 말인가! 나는 엄연히 대한민국 국적을 가진 외국인이다.

인천 공항에서 이륙이 1시간 지연된 데다가 6시간 비행으로 충분히 이미 피곤했다. 그리고 평소 같았으면 한창 잠들어 있을 시간이었다. 그런데 푸껫 공항 입국 심사는 엄청나게 더디게 진행되고 있었다. 대충 봐도 얼른 들여보내 줄 의지가 없어 보였고 불친절했다. 푸껫 공항 입국 심사장 직원들에 비하면, 그동안 보았던 다른 공항 직원들의 무표정쯤은 오히려 친절에 가깝다는 생각이 들 정도였다. 드디어 2시간 만에 내 차례가 됐다. 그런데 나를 보자마자 어디에서 묵을지 왜 정확하게 쓰지 않았냐고 따져 물었다. 당황스러웠다. 나는 도대체 그게 뭐 그리 중요한 문제인지 몰랐다. 그래서 나 여기 처음 온 사람이라 잘 모른다고 했다. 그랬더니 갈수록 짜증을 내더니 뒤로 가서 다시 써 오란다. 하마터면 2시간을 더 기다릴 상황이었다. 할 수 없이 미안하다는 말을 계속했다. 그리고 결국 그놈(?)이 시키는 대로 숙소 이름을 기재했다. 그랬더니 겨우 통과를 시켜줬다. 나!쁜!놈! 고!맙!다!

전에 말레이시아에 갔을 때의 일이다. 공항 직원들이 입국 심사를 기다리는 인파 속에서 노약자나 임산부 등을 일부러 찾아내더니 먼저 통과할 수 있도록 배려해 주었다. 그 사랑과 자비의 모습에 얼마나 감동을 받았는지 모른다. 아마 이슬람 전통과 문화 덕분인 것 같다. 나중에 들은 얘기지만 푸껫 공항에서 1인당 3천 원만 내면 2시간씩 기다릴 필요 없이 먼저 통과할 수 있었단다. 사실 그런 낌새를 차렸지만 설마 했다. 그런데 결국 돈 때문에 그런 식이었다니 참 씁쓸했다. 한 나라의 얼굴 같은 입국 심사장에서 가뜩이나 피곤한 여행자들을 대상으로 그토록 불친절하고 무자비했던 이유가 바로 돈 때문이었다니….

"자비를 베풀지 않은 자는 가차 없는 심판을 받습니다.

자비는 심판을 이깁니다."(야고 2,13)

디지털과 아날로그

　　사무실에서 불과 5분 거리에 어머니가 살고 계신다. 하지만 나는 자주 찾아뵙지 않고 있다. 불효자인 셈이다. 그런데도 어머니는 바빠서 그러려니 생각하신다. 세월이 흐를수록 어머니는 점점 재거나 따지지 않으신다. 숙녀 나이를 밝혀서 미안한데 어머니는 올해로 84세다(엄마! 미안!). 노인이 될수록 완고함이라는 갑옷보다는 무던함이라는 옷이 확실히 잘 어울리는 것 같다. 아무튼 간만에 어머니를 모시고 누나네 집에 가서 이런 대화를 나누며 점심을 먹었다.

　　(장난기 섞인 목소리로) "뭔 노인네가 밥을 이렇게 잘 잡수신대?"

(장난기는 장난기로 받아친다는 듯이) "오래 살려고 그러지요!"

(식사 마치고 숟가락을 놓는 엄마에게) "잘 드신다고 말해서 삐졌슈?"

(쑥개떡을 한입 물으면서) "아이고 배불러!"

"내가 못 살아! 내 식성은 엄마 닮았나 봐!"

그렇게 식사를 마치고 있는데 조카인 큰누나의 딸이 자기 남편과 두 살배기 딸을 데리고 왔다. 출생 자체로 나를 할아버지로 만들어 버린 그 아이가 나를 보더니 바로 낯가림을 했다. 자주 못 봤으니 어쩌면 당연한 노릇이다. 가끔 사진을 보면서 "할아버지 신부님이다! 보고 싶어요!"라고 말한다는 누나의 말을 곧이곧대로 믿고 기특하게 여겼는데, 보자마자 얼음이 되다니…. 웃자고 하는 이야기지만 아이가 그러면 못 쓴다. 나를 할아버지로 만들어 놓고 낯가림이라니 이 얼마나 몹쓸 짓(?)인가! 참으로 생각 없는 아이다. 물론 아이를 두고 이렇게 말하고 있는 내가 더 생각이 없긴 하다. 아무튼 내가 가까이 다가가려고 하면 울려고 했다. 그나마 고마웠던 것은, 이제 가 봐야 한다고 일어났더니 가지 말라면서 울었다. 정말 논리도 없고, 생각도 없고, 아무런 계산

도 없다. '예은아! 나보고 어쩌란 말이니?'

모두는 아니지만 노인과 아이는 닮은꼴이다. 우선 계산적이지 않다. 생각이 없다고 할 만큼 재거나 따지지 않는다. 그와 달리 사람들 대부분은 잇속을 계산하느라 생각이 많다. 온갖 논리와 이치나 잣대를 들이대면서 재거나 따진다. 절차나 방식 등 옳고 그름을 따진다. 다른 누가 아닌 바로 내 모습이다. 디지털의 숨 막히는 정확함보다 아날로그의 멋스러움을 동경한다. 그러면서도 자꾸 따지려 든다. 책임과 한계에서 오는 고민 때문인데 노인과 아이에게서 한 수 배웠다. 재고 따지려는 생각을 가능한 한 내려놓아야 한다. 근심을 버려야 한다.

"긴장을 풀고 마음을 달래라. 그리고 근심을 네게서 멀리 던져 버려라. 정녕 근심은 많은 사람을 망쳐 놓고 그 안에는 아무 득도 없다."(집회 30,23)

갑을 관계?

어느 직원이 나한테 갑 중의 갑(甲 of 甲), 슈퍼 갑(super 甲)이라고 농담 반 진담 반으로 표현했다. 사회 복지 시설 직원들은 시설의 장을 갑으로 여기는데 나는 그 장들 위에 있으니 갑 중의 갑이란다. 사실 갑을 관계로 따지면 나는 대체로 갑이다. 하지만 한 번도 갑이라고 생각해 본 적은 없다. 교구청에서 긴 회의를 하고 난 뒤 사무실에 출근하여 잠시 자리에 앉아 멍하니 있었다. 그런데 최 차장이 전화 통화를 하면서 상대방에게 하는 말이 귀에 들어왔다. "여기 아무도 없는데요?" 상대방이 찾는 사람이 없을 때 흔히 쓰는 그런 말투였다. 그런데 그 말을 들으면서 나는 혼잣말로 지껄였다. "그럼 난 뭐여? 투명 인간이여? 아무것도 아닌겨?" 사실 슈퍼 갑의 실체라는 것이 이렇게 아무것도 아니다.

그것뿐만이 아니다. 하루는 사무실에서 신 차장에게 뜬금없이 물었다. "나 좋아?" "음… 네? 예! 뭐, 저기." 끙끙대기만 하고 듣고 싶은 대답을 하지 않았다. 나는 고개를 갸우뚱거리면서 바로 이어 박 대리에게 물었다. "나 좋아?" "저한테 왜 그러세요~?" 역시 신통치 않은 대답이다. 그래서 '설마 이번에는 아니겠지?' 하는 마음으로 사무실 막내인 노엘라에게 물었다. "나 사랑해?" 의외로 대답은 바로 나왔다. 그런데 흔히 말하는 영혼 없는 대답이었다. "아! 예~!" 더 이상 진도를 나가면 안 될 것 같아서 장 대리에게는 묻지 않았다. 갑 중의 갑이라고는 하는데 뭐 이 정도다. 그런데 참 다행이다. 나는 이런 반응이 더 어울리고 잘 맞는 것 같다. 누군가가 마치 갑을 대하듯 깍듯하게 대한다면 오히려 부담스러울 것 같다. 사실 사람과 사람의 관계를 갑과 을의 관점에서 바라보는 것 자체가 나는 별로다. 거기에는 행복이나 기쁨이 끼어들 자리가 별로 없다.

우리 사무실 출입구에 걸려 있는 조직도는 위와 아래가

거꾸로 뒤집혀 있다. 시설장이 직원들을 섬기고, 사회사목국이 시설들을 떠받드는 모양새다. 그것이 내 마음이고 의지다. 하지만 내가 아무리 그런 생각이더라도 누군가는 나를 갑으로 느낄 수 있다. 평소에 사랑과 자비와 배려를 강조하지만, 정의를 말해야 할 때도 있다. 그래서 갑으로 느낀다면 어쩔 도리는 없다. 아무튼 나를 갑으로 대하는 것은 싫다. 나이나 직위를 떠나 친구처럼 편하게 다가오는 것이 좋다. 세상이 행여 갑을 관계로 도배되어 있다손 치더라도 그것을 뛰어넘는 지혜가 필요하다. 갑이라는 옷은 사제에게 어울리지 않는다. 누구나 마찬가지다. 갑이라는 옷이 어울리는 것은 바람직하지 않다. 하느님 앞에는 갑도 없고, 을도 없다.

"너희 가운데에서 높은 사람이 되려는 이는

너희를 섬기는 사람이 되어야 한다."(마태 20,26)

사람 마음을 사야 한다

교구청 근처에 새로 생긴 짬뽕집에 갔다. 앉을 자리를 지정해 주는 식당을 개인적으로 별로 좋아하지 않는데 아무 데나 앉으란다. 마음에 들었다. 짬뽕을 주문하고 탕수육도 시켰다. 그런데 사장님이 주방장인가 본데 탕수육을 만들어 주기는 하겠지만 돈은 받지 않는단다. 식재료인 돼지고기 숙성도가 마음에 들지 않는다나 뭐라나…. 그런데 막상 먹어 보니 '오! 이것 봐라!' 작은 눈을 커지게 만드는 신통한 맛이었다. 식사가 끝나갈 무렵, 또 다른 재료로 다시 요리했는데 맛 좀 보란다. 그런데 처음보다 눈이 더 휘둥그레지는 맛이었다. 그러잖아도 탕수육 값을 치르려고 했는데

쐐기를 박는 친절과 감동이었다. 그런데 도무지 돈을 받으려 하지 않았다. 도대체 돈을 벌려고 장사를 하는지 의심스럽기까지 했다. 음식을 파는 것인지 감동을 팔겠다는 것인지 알 수 없을 정도로 흐뭇한 마음이 들었다. 그 일이 있은 다음 때때로 단체 손님을 데려가는 등 나는 이미 그 집 단골이 된 지 오래다. 모름지기 눈앞의 이익을 쫓기보다 그처럼 사람 마음을 사야 한다. 결국 그것이 남는 장사다.

개신교 신자라고 밝힌 어떤 자매님이 작년 이맘때 출간한 내 책 『가끔은 미쳐도 좋다』를 읽고 후원하고 싶다면서 사무실로 계좌 번호를 묻는 전화가 왔단다. 사실 책을 읽은 신자들이나 신부님들 가운데 후원금을 보내 주신 분들이 꽤 여럿이다. 그런데 개신교 신자는 처음이었다. 그래서 살짝 놀랐고 기분이 더 좋았다. 하느님이 주신 깜짝 선물 같아서 고맙다는 내용으로 문자를 드렸다. 그랬더니 직접 문자까지 받아 오히려 당신이 큰 선물을 받은 느낌이라면서 100만 원을 송금해 주셨다. 돈도 돈이지만 종교를 뛰어넘는 그 모습에 흐뭇한 마음이 들었다. 그리고 최근에 몇몇 본당으로 후원회 홍보 미사를 갔는데 의외로 많은 분들이 후원회에 가

입해 주셨다. 더구나 어떤 분은 2천만 원을 쾌척해 주셨다. 기본적으로 나눔의 정신을 가진 분들이 후원하겠지만 행동으로 옮길 수 있도록 사람들의 마음을 사는 게 관건이다. 그런데 나는 빼어난 말솜씨의 소유자가 아니다. 다만 그 자리에도 있을, 경제적으로 어려운 분들에게 부담을 주지 않으려는 갸륵한⑦ 마음은 있다. 그래서 정작 후원에 대한 말은 1분 이내로 한다. 오히려 신앙인으로서 행복하게 사는 법을 이야기한다. 그런데 다행스럽게도 사람들이 그 마음을 헤아리는 것 같다.

후원자들을 일일이 기억하지는 못한다. 하지만 가끔 그분들의 고운 마음에 내 마음을 빼앗기곤 한다. 모름지기 큰일을 도모하고자 하면 먼저 사람 마음을 사야 한다. 마음을 사면 안 될 일도 된다.

"물이 얼굴을 비추듯 사람의 마음도 그 사람을 비춘다." (잠언 27,19)

당연한 것은 없다

계족산을 오르는데 한적한 길에서 토끼를 만났다. 아니, 만났다기보다는 좁은 등산로 한가운데서 나를 등지고 앉아 있는 녀석에게 내가 다가가고 있었다. 그런데 살금살금 다가간 것도 아닌데 녀석은 피할 생각이 없는 듯했다. '애인(?)한테 차여서 멍 때리고 있나?' 싶을 정도로 녀석은 미동도 없다. 심지어 손에 닿을 만큼 가까워졌는데도 도망가지 않았다. 그래서 말을 걸었다. "산토끼?" 그랬더니 그제야 숲을 향해 달아났다. "야! 묻지도 못하니? 왜 도망을 가?" 녀석이 내 말에 대답하고 자리를 뜬 것은 아니었지만 확실한 답은 얻었다. 산에 있으니 '산'(山) 토끼일 테고, 죽지 않아 달아

나니 '산'(生) 토끼이며, 산에서 토끼고 있으니 산 '토끼' 맞다. 그런데 약간 이상했다. 당연히 내가 가까이 가기 전에 바로 달아날 줄 알았다. 그런데 그런 내 생각의 허를 찔렀다. 살면 살수록 당연한 것은 없다는 생각이 든다.

요즘 나는 복이 터졌다. 6년 선배 맹 신부님과 대화를 나누다가 다음 주에 휴가를 간다고 했더니 갑자기 지갑을 열어 돈을 주셨다. 그 동기이신 오 신부님도 왜 그렇게 살이 빠졌냐면서 고기 사 먹으라고 돈을 주셨다. 또 그 동기이신 강 신부님도 당연히 내가 계산할 돈을 대신 내주셨다. 이번 여름휴가 때 숙박비도 내 동기 백 신부가 다 낸단다. 그 외에도 몇몇 분들이 내 지갑을 채워 주거나 지갑 열 기회를 주지 않았다. 참 이상하다. '내가 그렇게 예쁜가?' (아! 나 또 제정신 아니다!) 아무튼 연속적으로 배려와 호의를 받으니까 고맙고 넉넉해지고 행복했다. 그래서인지 나도 호의를 베풀고자 하는 마음이 평소보다 더 커졌다. 최근에 연거푸 갔던 동네 길거리 횟집에서의 일이다. 앳된 고등학생들이 서빙하고 있어서 혹시 사장님 아들이냐고 물었더니 아니란다. 어린 나이에 땀 흘려 일하는 모습이 안쓰러우면서도 보기 좋았다.

그래서 지갑을 열었다. 거기서 나온 것은 그냥 평범한 돈이라기보다는 힘내라는 응원이었다. 물론 내가 받았던 호의도 응원이고 사랑인 줄 잘 알고 있다.

돈을 움켜쥐려 하기보다 남을 위해 기꺼이 내놓으려고 할수록 행복해진다. 모름지기 돈을 당연한 내 것으로 여길수록 행복에서 멀어진다. "가지고 있는 돈이 내 돈이 아니라 내가 쓴 돈만이 내 돈이다."라는 말이 있다. 내게 잠시 맡겨진 돈은 있을 수 있다. 하지만 내 돈이라고 할 수 있는 것은 없다. 주님께서도 당연한 것을 당연하게 여기지 않으셨다. 당연한 것은 없다.

"그분께서는 하느님의 모습을 지니셨지만

하느님과 같음을 당연한 것으로 여기지 않으시고

오히려 당신 자신을 비우시어

종의 모습을 취하시고

사람들과 같이 되셨습니다."(필리 2,6-7)

결국은 사람이다

몇몇 신부들과 함께 전라남도 순천으로 2박 3일 휴가를 떠났다. 여행 중에는 뭐니 뭐니 해도 잘 먹고 다녀야 한다는 것이 내 지론이다. 그래서 나름 정보 검색도 하고 감각적인 촉까지 동원해 어느 식당에 들어갔다. 그런데 음식 맛도 꽝인데 불친절마저 도를 넘는 식당이었다. 즐거워야 할 식사가 고픈 배만 채우는 식이 되자 순천이 싫어졌다. 그런데 다행스럽게도 주인이 매우 친절한 식당을 우연히 발견했다. 얼마나 친절했는지 2박 3일 동안 그 식당만 무려 네 차례나 갔다. 원래 대하구이 집인데 메뉴에 없는 음식까지 만들어 줄 만큼 친절했다. 왜 그렇게 친절한지 물었더니 장사

를 시작한 지 두 달이 조금 넘었는데 지금까지 우리 일행처럼 점잖으면서 유쾌한 손님은 처음 봤단다. 말도 참 예쁘게 잘하는 분이었다. 음식 맛도 훌륭했지만, 주인이 친절하고 상냥해서 우리 신부들 발길은 계속 그 식당으로 향했다. 아무튼 그 덕분에 순천이 다시 좋아졌다. 도시는 말이 없는데 사람 때문에 싫어지기도 하고 좋아지기도 했다. 다른 많은 것들도 그렇지만 결국은 사람이다.

먹는 것 못지않게 중요한 것이 잠자리다. 코골이와 같은 방만 아니면 행운을 잡은 것이고 이미 반은 성공한 여행이다. 물론 잠잘 때 코끼리 소리를 내는 내가 할 말은 아니다. 하지만 코끼리보다 더한 놈이 있어서 하는 말이다. 내가 아는 한 이 세상 최고의 코골이는 안 신부다. 그는 타의 추종을 불허한다. 그 여행에서 그와 한방이 아니었던 것을 지금도 다행이라고 생각할 정도다. 그런 그가 들려준 이야기다. 어느 연수 때 김 모 신부와 같은 방을 쓰게 되어 본인이 준비한 귀마개를 주면서 귀를 막고 자라고 권고했는데 본인은 별로 예민한 체질이 아니라면서 괜찮다고 했단다. 그런데 아침에 일어나 보니 괜찮다던 놈은 보이지 않고 귀마개 포장은 뜯어져 있었단다. 뜯어진 포장지를 어떤 심정으로 바라봤을지 안 신부 표정을 상상할 때마다 웃음이 절로 난다. 어쨌거나 참 착한 신부다. 귀마개를 준비해서 상대방에게 주니 말이다. 코끼리 소리를 내는 나 역시 귀마개는 가지고 다닌다. 하지만 쓰임새가 다르다. 나는 그것을 내 귀에 꽂아 넣는다. 내 코골이 소리가 들려서가 아니라 행여 옆 사람이 코를 골까 봐 그렇게 한다. 주로 한방을 쓰게 되는 백 신부가 이런 나를 보면서 늘 어처구니없어한다. 같은 코골이면서 남을 위해 귀마개를 준비하는 사람도 있는데…. 사실 그렇게 해야 사람인데…. 가만 보면 나는 나쁜 놈이다. 세상은, 나쁜 놈 말고, 짐승 같은 사람 말고, 사람 같은 사람을 필요로 한다. 사람 같은 사람 말이다. 결국은 사람이다.

"너희 가운데에서 가장 작은 사람이야말로 가장 큰 사람이다." (루카 9,48)

가능성은 열려 있다

―

내 사전에 모기장은 없었다. 거추장스럽고 불편한 것은 둘째 치고 답답한 느낌이 너무 싫기 때문이다. 차라리 모기한테 몇 방 물릴지언정 모기장 안에서 자는 것을 싫어했다. 그런데 대전교구청에 살면서 겨울철 서너 달을 제외하고는 항상 모기장을 치고 산다. 단지 몇 방 물리는 수준을 넘어서기 때문이다. 분명 내 사전에 모기장은 없었는데 현재는 가능할 뿐 아니라 필수품이다.

대전교구청 뒤에 있는 숲은 아마 모기 나라의 수도다. 더구나 장식에 불과한 것 같은 오래된 내 방 방충망 어딘가에는 모기 나라 하이패스가 달려 있지 싶다. 그리고 녀석들은 나를 특식쯤으로 여기는 게 틀림없다. 그나마 올해는 폭염 덕분에 출현이 뜸했는데 다시 기승을 부리고 있다. 그러거나 말거나 모기장 안은 괜찮으려니 했다. 그런데 어이없는 일이 생겼다. 분명히 모기장 안에서 잠들었는데 폭격기와도 같은 모기들 소리에 잠이 깼다. 전등을 켜고 봤더니 무려 5마리나 비행(飛行)을 하고 있었다. 녀석들의 비행(非行)은 거기까지였다. 내 잠을 훔친 죗값으로 법정 최고형인 사형에 처했다. 그나저나 출입 허가증을 발급한 기억이 없는데 어떻게 녀석들이 모기장 안까지 침투했을까? 더워서 선풍기를 켜고 잠들었는데 바람이 모기장 출입구 쪽을 열어 주는 효과(?)를 낸 모양이었다. 모기장 안만큼은 모기로부터 자유로울 것이라, 녀석들의 침입은 불가능이라고 여겼다. 그런데 침입이 가능했다.

'자동차는 굴러가기만 하면 된다.'는 게 나름 소박한 내 생각이다. 그래서 아직 고가의 새 차를 산 적이 없다. 자동차에 관해서는 새 차 욕심이 없는 편이다. 어쩌면 평생 그렇게 중고 자동차만 끼고 살지도 모른다. 게다가 나는 나 자신에게 배기량 2000cc 이하의 차만 허락한다. 그 이상은 앞으로도 허락하지 않을 생각이다. 그런데 2700cc 가솔린차를 거의 거저 얻을 기회가 생겼다. 내가 좀 더 좋은 차를 타도록 배려해 주겠다는 제안이었지만 오히려 좋은 차라 고민이 됐다. 그러다가 결국 6년 넘게 탄 중고차라는 점에 위안을 삼으며 자동차를 접수했다. 그런데도 우려는 여전하다. 우려는 이거다. '몸이 편안해질수록 불편하고 힘든 일에서, 또는 어려운 이웃에서 멀어지지 않을까?' 기특한 생각이지만 거기에 묶여 있는 자신이 답답해 보이기도 했다. 아무튼 우려가 현실이 되지 않기만 바랄 뿐이다. 승차감은 참 좋다. 전에 타던 중고 디젤차가 경운기가 아니었나 생각될 정도다. 가능성은 늘 열려 있다. 하지만 다 바뀌어도 지켜야 할 것은 있다. 우려하고 있는 그런 것들 말이다. 물질은 지배 대상이지, 결코 인간성을 훼손하는 도구여서는 안 된다.

"사람에게는 그것이 불가능하지만

하느님께는 모든 것이 가능하다." (마태 19,26)

직진 본능

야한 생각을 많이 하면 머리카락이 빨리 자란다는 속설이 있는데 같은 이유에서인지 내 수염은 참 빨리 자란다. 그래서 아침마다 증거를 인멸하려고 면도를 깨끗이 한다. *&^%$#@! 전기면도기는 성에 차지 않아 날 면도기를 쓰는데 아주 가끔 피를 본다. 물론 면도기는 아무 문제가 없다. 매번 내 손놀림이 문제다. 면도기를 다룰 때는 직진만 답이다. 직진하다가 갑작스럽게 꺾지 말아야 한다. 그런데 아주 가끔 딴생각하다가 나도 모르게 방향을 꺾어 피를 보고야 만다. 딴생각하지 말아야 한다. 직진에 충실해야 한다. 그래야 안전하다. 아무튼 증거를 인멸할 때, 아니 면도할 때

는 늘 직진해야 한다.

　우리 사무실 건물 2층에는 이주사목부가 있다. 이 신부가 그곳 주인장인데, 툭하면 내려와서 우리 주방에 들어가 주섬주섬 뭘 챙겨 먹고 차도 마신다. 거의 제집 드나들 듯이 한 식구처럼 지낸다. 어느 날, 가만 보니까 우리 사무실 여직원들이 나보다도 이 신부가 들어올 때 더 반가워하는 눈치다. '녀석이 잘생겨서 그런가?' 아무래도 견제해야 할 것 같다. ㅋㅋ. 아주 가끔 나도 교구청 그의 방에 들러 우리 사무실에서 털린⑦ 만큼 되찾아 먹곤 한다. 하루는 방에 들렀는데 조명이 어두웠다. 그래서 베란다 쪽에 있는 전등까지 마저 켰더니 이런 말을 했다. "여기 불을 어떻게 켰냐?" 어이없었다. 2년 가까이 살면서 등을 어디서 켜는지도 모르다니…. 아무래도 바보이지 싶다. 바보를 견제하면 내가 바보가 된다. 견제 상황 종료다. 사람에게는 늘 살던 방식을 지속하려는 직진 본능이 있는 것 같다. 그런데 시람이 가진 직진 본능은 오직 직진만이 답인 면도와는 사뭇 다르다. 직진이 마냥 좋은 것은 아니다. 어디를 향해서 직진하고 있는지가 중요하다. 나라가 온통 시끄럽고 어지럽다. 도대체 뉴스에 나오는, 거명하고 싶지도 않은 그 인물들은 어디를 향해 직진하는 걸까?

당장에 아무 탈이 없다고 해서 반드시 안전하거나 바른 것은 아니다. 목표 지향점이 올바르지 않으면 언제든 화를 입을 수 있다. 그렇다면 멈출 줄 알아야 하고, 궤도를 수정할 수 있어야 한다. 쉽고 편하고 달콤할수록 항상 더 위험한 법이다. 결코 재산이나 권력이 행복을 보장해 주지도 않는다. 과도한 욕심을 버려야 하는 이유다. 오히려 비우고 나눌 줄 아는 마음을 장착해야 한다. 소박한 것에서 행복을 찾을 줄 알아야 한다. 직진 본능 그 자체는 문제가 없다. 다만 목표 지향점이 관건이다. 어느 길이 바른길인지 살펴야 한다. 직진할 수 있는 길은 많다. 하지만 생명에 이르는 길은 하나이다. 정조준해야 한다.

"사람에게는 바른길로 보여도 끝내는 죽음에 이르는 길이 있다."(잠언 14,12)

가끔은 허당이어도 좋다

—

　　　　　세종시장애인복지관장 변 신부가 교구청 내 방에서 사고⑦를 친 지 1년 남짓 지났다. 당시 변 신부는 샤워 후 머리에 바를 것을 찾다가 작은 글씨로 쓰인 외국어 해독이 끝났는지 자신 있게 뭔가를 꾹꾹 눌러 발랐다. 그런데 그것은 샴푸였다. 나는 그때까지만 해도 샴푸가 거품을 일으키는 액체인 줄로만 알았는데 알고 보니 사람을 당황하게 하고, 당황한 사람의 눈을 한 세 배쯤 키우는 기능까지 가지고 있었다. 내가 장난기가 있어서 일부러 샴푸를 거기에 두었다고 생각하면 오산이다. 정말이지 미처 말릴 겨를도 주지 않고 본인이 감행한 자해였다. 아무튼 그때 허당 변 신부 덕분에 얼마나 웃었는지 모른다.

그런데 샴푸 사건 1주년을 기념하려고 했는지 변 신부가 내 방에서 또 다른 사고를 쳤다. 욕실에 그의 칫솔을 놓는 자리가 정해져 있었는데 어느 날 보니 마모 상태가 심각한 수준이라 착한(?) 내가 생각 없이 그냥 새것으로 바꿔 놓았다. 그리고 그가 쓰던 칫솔은 면도기 옆에 놓아두고 면도날 사이에 끼인 찌꺼기를 제거하는 용도로 매일 쓰고 있었다. 그런데 어느 날 내 방 거실에서 자고 난 그가 나보다 먼저 일어나 씻었다. 그리고 이어서 내가 욕실에 들어갔는데 뭔가 이상했다. 그래서 아침 해장국을 먹으면서 물어보니 아니나 다를까 예감대로였다.

(나) "아니, 왜 원래 놓아두던 자리에 있는 칫솔을 쓰지 않고?"

(변 신부) "저 양치하라고 꺼내 놓으신 줄 알았지요!"

(나) "내가 그렇게 착한 놈은 아니지 않니?"

(변 신부) "그러게요! 제가 생각이 짧았네요!"

(나) "뭐라고?"

(변 신부) "크크크."

허당이라는 말밖에 달리 표현할 길이 없는 참 말랑한 친구다. 이기주 작가의 『언어의 온도』라는 책에 이런 표현이 나온다. "여보게, '부드러움'에는, '강함'에 없는 것이 있다네. 그건 다름 아닌 생명일세. 생명과 가까운 게 부드러움이고 죽음과 가까운 게 딱딱함일세. 살아 있는 것들은 죄다 부드러운 법이지." 대단한 통찰이다. 부드러움과 딱딱함은 단지 상태나 태도의 다름이 아니다. 부드러움은 생명이고, 딱딱함은 죽음이다. 갈 길은 뻔하다. 사람을 부드럽게 대해 버릇해야 한다. 생명을 주는 일이기 때문이다. 딱딱하기 쉬운 게 우리네 일상이다. 가끔은 허당이어도 좋다.

"사람 앞에는 생명과 죽음이 있으니

어느 것이나 바라는 대로 받으리라."(집회 15,17)

눈 하트

　　사회 복지 시설 책임자 약 20명이 1박 2일 일정으로 금산에 있는 모 글램핑장에 모였다. 글램핑이라는 용어가 낯설어서 이동하는 자동차 안에서 뜻을 물어보았는데 대답이 다들 어설펐다. 그래서 '이상적인 신체 조건을 가진 여성 혹은 남성'을 뜻하는 바로 그 글래머들이 하는 캠핑이냐고, 우리 중에는 글래머가 없어서 우선 나부터도 입장이 불가능한 것 아니냐고 농담을 던졌다. 그런데 윤 신부가 검색해 보더니 진짜로 '글래머'(glamor)라는 단어가 들어간 합성어란다. 다만 뜻은 조금 달랐다. 흔히 알고 있는 의미 글래머 말고 "화려하다"라는 뜻으로 쓰였단다. 그러니까 화려하다

(glamorous)는 의미와 캠핑(camping)이 더해진 합성어다. 다행히 우리는 글래머 인증 신체검사 없이 입장할 수 있었다. ^^

야외에서 고기를 구워 먹으면 왜 더 맛있을까? 잘 모르겠다. 아무튼 맛나게 먹고 마시자, 허기가 가시고 취기가 살짝 올라왔다. 그리고 밤이 깊어지면서 기온이 떨어졌고, 장작에 불을 붙였다. 그랬더니 마치 이 순간을 기다렸다는 듯이 사람들이 모두 모닥불 곁으로 모여 앉았다. 그리고 누군가의 제안으로 3·6·9 게임이 시작됐다. 무릇 놀이에는 벌칙이 따르고, 자주 걸리는 구멍⑦이 있기 마련인데 그 단순한 게임에서도 예외는 없었다. 지금으로부터 45년 전, 중3 때부터 꽤 노는⑦ 아이였다고 고백한 모 원장님은 확실한 구멍이었고, 그 외에도 구멍은 몇 분 더 계셨다. 구멍이든 아니든 그 자리에 있던 사람들은 너나 할 것 없이 나이와 직위를 잊은 채 학창 시절의 분위기를 소환하고 있었다. 가식의 허울을 벗고, 주어진 시간을 멋지게 즐기는 그 모습이 참 보기 좋았다. 그런데 다음 날 아침 다시 모였을 때, 어제의 일은 잊어 달라고 애교 섞인 부탁을 하는 분들이 계셨다. 하지만 나는 잊지 않을 예정이다. 그것은 잊어 줘야 할 추한 모습이 아니라 눈에서 하트가 나올 만큼 아름다운 모습이었기 때문이다.

가끔 눈에서 하트가 나올 때가 있다. 그리고 눈에서 하트가 나올 때 나는 행복하다. 때로는 사람들이 나를 보면서 하트를 날려 주기도 한다. 그때도 행복하다. 때때로 우리 눈에서는 하트가 나온다. 그것은 단지 만화 속에서만 가능한 일이 아니다. 사랑하고 존경하고 신뢰하면 눈에서 하트가 나온다. 만화에서 처음으로 사람 눈에 하트를 그려 넣은 사람은 단지 창의력만 뛰어난 것이 아니라 정말 하트를 보았을 것이다. 아무튼 눈에서 나오는 하트를 볼 수 있는 사람은 행복하다.

"그것이 네 눈에서 벗어나지 않도록
네 마음 한가운데에 간직하여라."(잠언 4,21)

사회사목국
보고드리겠습니다!

대전교구청에서는 유 라자로 교구장 주교님(현 교황청 성직자부 장관 유흥식 라자로 추기경)과 김 아우구스티노 총대리 주교님(현 대전교구장)을 비롯해 처·국장 신부들이 매주 월요일 오전 8시 45분에 모여 회의를 한다. 회의는 정해진 순서에 따라 주간 업무 보고를 먼저 한 뒤 안건 논의로 이어진다. 올해 사목기획국장으로 부임한 김 신부가 100일쯤 되었을 무렵인 어느 날이었다. 보고 순서가 나보다 먼저인 김 신부가 뜬금없이 이런 말로 입을 뗐다. "사회사목국 보고드리겠습니다!" 예상치 못한 뜬금없는 발언에 고개가 저절로 들

렸고, 주위를 둘러보니 모두가 뜨악한 표정을 지으며 웃음을 참고 있었다. 그러니 정작 사회사목국장인 나는 어떠했겠나? 잠시의 망설임도 없이 내 입에서는 이런 농담이 튀어나왔다. "왜 남의 밥그릇에 숟가락을 얹어?" 각본 없이 이루어진 김 신부와 나의 즉석 공연⑦으로 한바탕 크게 웃을 수 있었다.

    교구장 주교님이 본당에 사목 방문을 가실 때 사목기획국, 사회사목국, 청소년사목국 신부들이 동행을 한다. 올해 첫 사목 방문지에 갔다가 돌아오는 차 안에서 있었던 일이다. 내가 이렇게 말을 꺼냈다. "주교님! 그동안 관례대로 부임 후 처음 사목 방문을 마친 김 신부의 노래를 들으실까요?" 그런 관례는 없었지만 김 신부의 반응을 보려고 괜히 너스레를 떨어 보았다. 주교님도 싫지 않으셨는지 긍정도 부정도 아닌 어정쩡한 대답을 하셨다. 내가 계속 재촉하자 김 신부는 뭔가 속는 기분이었는지 갸우뚱거리고 구시렁거리더니 결심이 섰는지 노래 한 곡을 뽑았다. "♪♫♩별이 쏟아지~는 해변으로 가요~ ♫♪ 해변으로 가요~♩♪♫" 나는 속으로 킥킥대면서 웃고 있었는데 갑자기 노래를 멈췄다. 계속하라고 했더니 곡을 바꾸어 다시 부르겠다면서, 새로운 노래를 끝까지 불렀다. "그리움에~ 불러 보는~🎵🎵 아픈 내 가슴속에 맺힌 그녀~♪♩" 어딘지 모르게 허당 같은 김 신부가 존경스럽고 사랑스러웠다.

1년 후배인 김 신부는 신학생 때부터 재미있는 숱한 일화에 얽혀 있고 연루되어 있다. 그래서 그의 이름에서 비롯된 미니시리즈(miniseries)가 있을 정도다. 아마 본인이 기억하는 미니시리즈만 엮어도 책으로 한 권 분량은 거뜬히 나올 것이고, 그 이야기들이 책으로 나오자마자 베스트셀러가 될 것이라 확신한다. 세월이 지나도 변함없이 순수한 사람들, 열정을 잃지 않는 사람들이 있다. 어딘지 모르게 엉성해서 늘 웃음을 주고, 맑음을 전해 주는 사람들이 있다. 김 신부가 그런 모습이다. 그가 신부라 고맙고, 곁에 있어 행복하다.

> "이제 우리는 다른 사람들처럼 잠들지 말고,
> 맑은 정신으로 깨어 있도록 합시다."(1테살 5,6)

안구 정화(眼球淨化)

'안구 정화'라는 말을 본당 신부로 지낼 때 처음 들었다. 잘생긴 연예인 '공유'와 '조인성'에 대해 이야기하던 어느 자매가 눈동자에서 하트를 뚝뚝 떨어뜨리면서 그 단어를 썼다. 괘씸하게도(?) 평소 나를 볼 때와는 사뭇 다른 얼굴이었다. 태어나서 처음 들은 말이었지만 그 표정만으로도 무슨 뜻인지 눈치챌 수 있었다. 그럼에도 굳이 풀이하자면, '그저 보는 것만으로도 눈이 행복해지는 것'을 일컫는 신조어란다. 사실 처음에는 그 말뜻을 그냥 막연하게만 알아들었다. 그런데 그 말을 알고 나서부터 가끔 "안구 정화되네!" 할 때가 있다. 실제로 내 눈을 호강시켜 주는 그런 사람들이 있다.

일반적으로는 아름답거나 멋진 이성(異性)을 보면서 안구 정화라는 말을 떠올린다. 물론 나도 그렇다. 그런데 얼마 전 제주도에서 뜻밖의 체험을 했다. 나처럼 걷기를 좋아하는 변 신부와 함께 약 15km 구간의 사려니숲길을 걸었다. 그러고 나서 반대편 출발 지점으로 다시 돌아가려고 콜택시를 불렀다. 약 10분쯤 기다렸을까? 택시가 도착했고 차에 막 타는데 한 젊은 부부가 오더니 합승하자고 했다. 처음에는 당황했지만 택시를 잡기 어려운 곳이라 기꺼이 허락했다. 그런데 남자가 얼마나 잘생겼는지, 거짓말을 조금 보태면 옆에 앉아 있던 내가 하마터면 숨이 멎을 뻔했다. 연예계에 둔감해서 유명 연예인을 몰라보는 것은 아닌지 의심스러울 정도였다. 그 순간 나도 모르게 안구 정화라는 말이 떠올랐다. 물론 내가 이상한 취향(?)이 있어서 같은 남자를 보면서 이 말을 떠올린 것은 절대 아니다. 같은 남자가 봐도 정말 잘생겼다는 말밖에는 더 이상 할 말이 없는 외모였다. 변 신부도 생각이 나와 다르지 않았다. 택시에서 내린 그는 몇 번이나 고맙다고 하면서 근처 맛집까지 친절하게 소개해 주었다. 외모는 그저 덤인, 같은 남자가 봐도 정말 멋지고 친절한, 안구 정화가 되는 남자였다.

연예인이 아니더라도 실제로 외모가 뛰어나 100미터 밖에서도 눈에 띄는 사람이 있다. 그가 여성이든 남성이든 그저 보기만 해도 흐뭇함을 챙겨 주는, 이른바 안구 정화가 되는 그런 사람이 분명히 있다. 그런데 안구 정화도 좋은데 정작 각박한 이 시대에 필요한 것은 내면 정화에 도움이 되는 사람이 아닐까! 잠시 함께하기만 해도 내면이 정화되는 것 같은 그런 느낌을 줄 수 있는 사람이라면 좋겠다. 내면을 정화해 주는 사람은 타고나는 것이 아니라 만들어져서 다행이다.

"하느님, 깨끗한 마음을 제게 만들어 주시고

굳건한 영을 제 안에 새롭게 하소서."(시편 51,12)

미소가 예쁘지 않은 사람은 없다

교구청 미사 담당 주간이라 주례 사제로 제단에 섰다. 마치 생애 마지막 미사인 것처럼 나름 거룩한 마음으로 미사를 봉헌하고 있었다. 그런데 미사가 끝날 무렵, 급격한 날씨 변화로 창밖이 캄캄해지더니 사제단이 퇴장하자마자 곧이어 천둥소리가 나면서 비가 세차게 내리기 시작했다. 그러자 모 신부가 장난기 섞인 특유의 억양으로 제의를 벗고 있는 나를 쿡쿡 찌르면서 이런 농담을 던졌다. "미사 주례를 도대체 어떻게 했으면 끝나자마자 하늘이 캄캄해지는데? 응? 그러고도 네가 신부냐?" 매번 말을 어찌 그리 우습게 잘하는지 그 양반(?)과 함께 있으면 심심할 겨를이 없다.

물론 나도 맞장구쳤다. "그러잖아도 지금 깊이 반성 중이야! 한 번만 봐줘~" 함께 미사를 봉헌했던 김 주교님과 다른 신부들이 우리 둘의 대화를 들으면서 아침부터 빙그레 엷은 미소를 지었다. 그 미소가 참 예쁘게 보였다.

시계를 보니 어느새 약속 시간이 다가오고 있었다. 서둘러 외출해야겠는데 아랫배에서는 이대로 그냥 나가면 안 된다는 신호를 보냈다. 그래서 얼른 화장실로 들어갔고 아무 생각 없이 아주 빠른 속도로 변기에 앉았다. 아니 앉으려고 했다. 그런데 엉덩이가 바닥으로 꺼지는 느낌이 들었다. 깜짝 놀라면서 엉덩이를 들지 않을 수 없었다. 하마터면 변기 물에 엉덩이를 빠뜨릴 뻔한 순간이었다. 바쁜 마음에 변기 커버를 내리지 않은 채 앉으려고 했다. 당황스러운 순간이었는데도 나도 모르게 미소가 번졌다. 때마침 옆에 붙은 거울 속에서 미소를 짓고 있는 내 얼굴을 보게 됐다. 그 미소도 나름 예뻤다.

볼 때마다 신기할 정도로 늘 미소를 머금고 계신 몇몇 분을 알고 있다. 그 모습이 참 예쁘고, 보는 것만으로도 기분이 좋아진다. 반면에 늘 우거지상으로 지내는 사람도 있다.

우거지는 표정으로 그 생김새를 따라서 할 대상이 아니라 맛있게 먹을 음식일 뿐이다. 표정도 하나의 습관이다. 사실 미소 짓는 연습만으로도 굳은 얼굴의 원인인 시름이 걷힐지 모른다. 기쁨과 행복만으로 채우기에도 인생은 짧다. 시름과 싸우느라 늘 어둡게 지내면 되겠는가! 시름은 싸움으로 이길 수 있는 상대가 아니다. 내려놓거나 잊거나 미소 지을 때 시름은 가신다. 혹여 나의 미소도 예쁠지 걱정할 필요는 없다. 미소가 예쁘지 않은 사람은 없다.

> "사람은 외모로 그 됨됨이를 알고 사려 깊은 사람은 얼굴을 대하면 알게 된다. 사람은 옷차림과 큰 웃음과 걸음걸이로 그 인품을 드러낸다."(집회 19,29-30)

행복할 자격

작년 여름 끝자락의 어느 날, 커피 한 잔 들고 카페 밖 의자에 앉았을 때의 강렬한 기억이 떠오른다. 바람이 내 몸을 스치는데 그게 그렇게 행복한 느낌인지 미처 몰랐다. 그런데도 뭐가 그리 바쁘다고 그 시간을 오래 즐기지는 못했다. 그래서 언젠가 다시 그런 바람을 만나게 되면 꼭 붙들고 놓지 않으리라 막연히 생각했었다. 어김없이 여름 끝자락은 다시 찾아왔고, 오늘 교구청 사제관 창가에서 분명 그 녀석으로 추정되는 바람을 만났다. 작정하고 일부러 1시간 넘도록 창가에 앉아 바람을 즐겼고 행복감을 만끽했다. 행복한 순간은 굳이 서둘러 끝내지 말아야 한다. 하던 일을 멈추거나 해야 할 일을 미루고서라도 거기에 머물러 버릇할 필요가 있다.

    내 성품은 나름 온화한 것 같으면서도 때로는 불같다. 한때는 수틀리면 반경 10미터쯤은 얼려 버릴 수 있었다. 손윗사람 아랫사람 가리지도 않는다. 도무지 경우가 없다고 생각이 들면 상대가 누구든 상관없다. 일단 질러 버린다. 과거에 비하면 그나마 나아진 편이라고 말하자, 우리 사무실 직원들은 귀를 의심하는 듯 '이게 실화냐?'라는 표정을 지었다. 인사이동으로 올해 초부터 한 식구가 된 정 차장님의 표현은 한 걸음 더 나아갔다. "지금이 나아진 편이에요? 그러면 예전에는…?" 이런 식의 애정 어린 적대감(?) 참 좋다. 하지만 어떤 사람은 본인 정체를 밝히지도 않고 적대감을 드러낸다. 나로서는 공동선을 위해 내린 결정이라 하더라도 시설이 많고 직원도 워낙 많다 보니 누군가에게는 불이익이 될 수도 있다. 한 개인에게는 아픈 일이겠으나 불이익을 의도히면서 결정을 내린 적은 단 한 번도 없다. 내 의도가 그러거나 말거나 보복성 화살은 날아든다. 당연하지만 화살을 맞으면 아프다. 그런데 화살을 맞아 아픈 것보다 사람이 무섭다는 생각이 드는 게 더 아프다. 그리고 스멀스멀 치미는 화를 상대하는 일도 만만치 않다. 인간인 이상 모든 화를 다 다스릴 수는 없다. 하지만 심호흡을 하면서 화를 다스려 버릇할 필요는 있다. 화를 굳이 붙들고 있을 이유는 없기 때문이다. 불필요한 감정은 가능한 한 얼른 떨쳐 내야 한다. 행복은 길게, 불행은 짧게 가져가는 것도 삶의 지혜다.

행복과 불행의 길이는 조절이 가능하다. 행복한 시간은 서둘러 끝내지 말고, 불행한 시간은 굳이 붙들지 말아야 한다. 행복을 바라면서도 그 순간에 머무를 줄 모르고, 불행을 싫어하면서도 그 순간을 떨쳐 낼 줄 모르는 사람은 행복할 자격이 없는지도 모른다.

"행복한 날에는 행복하게 지내라. 불행한 날에는,
이 또한 행복한 날처럼 하느님께서 만드셨음을 생각하여라." (코헬 7,14)

관계의 완성은 유머다

일반적으로 주교님들은 주일에 견진성사를 집전하러 본당에 가신다. 가을 내내 신나게⑺ 다니셨으면 그만 쉬셔도 좋으련만 굳이 11월 말인데도 일정이 비어 있다면서 사회 복지 시설 미사를 가고 싶어 하셨다. 그래서 유 주교님을 모시고 장애인 사목부에 가서 미사를 함께 봉헌했다. 이어서 점심을 먹는데 더운 바람 때문인지 자꾸 땀이 났다. 그래서 숟가락 밑에 깔아 놓았던 종이 수건으로 계속 얼굴과 목덜미를 닦으면서 먹었다. 그런데 안 신부가 손에 웬 멍 같은 것이 들었냐고 내게 물었다. 그래서 살펴보니 정말이었다. 어떻게 된 일인지 갸우뚱하다 이내 알아차렸다. 종이수건으로

닦을 때 물감 색소가 묻어나온 모양이었다. 그래서 물수건으로 얼굴과 목덜미를 닦았다. 물수건이 퍼렇게 물들 정도로 많이 묻어나왔다. 그때 정면에 앉아 계시던 유 주교님이 강력한 유머 한 방을 날리셨다. "나 신부님이니까 표시가 나지 않죠~!" 웃겨서 할 말을 잃고 말았다. 진짜였다. 까만 얼굴 피부는 그깟 보라색 물감 정도에 딱히 티가 나지 않았다. 그나마 내 신체 중에 하얀 손바닥만 티를 내고 있었고, 안 신부가 그것을 보고 얘기해 준 셈이다. 헐~

나의 모친께서는 내가 근무하는 사무실에서 불과 5분 거리에서 사신다. 그런데도 오랜만에 한 번씩 찾아뵐 정도로 나는 불효자다. 최근에 찾아갔을 때의 일이다. 벌써 85세나 되셨다는 말씀과 함께 이웃에 사는 마리아 형님은 92세인데도 정정하다고 말씀하셨다. 그러면서 빨리 죽어야 하는데 죽는 것이 무섭다고도 하셨다. 별로 논리에 맞는 말은 아닌데 그렇다고 따질 이유는 없었다. 여전히 나름 건강하게 지내 주시는 것만으로도 감사했다. 갑자기 궁금한 생각이 들어 여쭤봤다. "엄마는 꿈이 뭐야?" 85세 어머니가 꿈이 있다고 할지, 없다고 할지 정말 궁금했다. 그런데 우리 엄마는 예상을 뛰어넘는 말로 나를 웃겼다. "오래 사는 게 꿈이지요!" "벽에 똥칠하지 않을 때까지만…." 재미있는 엄마다. 조금 전에 빨리 죽어야 한다고 했던 분 맞나 싶다. 물론 그 말씀이 무슨 뜻인지 나도 안다. 자식들 보는 행복을 가급적 오래도록 누리고 싶다는 말씀이다. 아무튼 다행이다. 85세인데도 꿈이 있으시니!

말하지 않아도 표정은 이미 말 이상의 것을 전한다. 그래서 사람을 대할 때 미소는 기본이다. 거기에 유머까지 장착하면 훌륭한 소통 자세다. 그런데 미소도 유머도 불편한 사람을 만나면 맥을 못 춘다. 나를 깨부수고 허물지 않으면 불편한 사람으로 남을 뿐 관계의 진전은 없다. 미소 짓지 않으면 기본이 덜 된 것이고, 유머를 날릴 수 없으면 관계가 덜 트인 것이다. 관계의 완성은 유머이며, 기본은 미소다.

"네 집 안에서 사자처럼 굴지 말고 종들을 닦달하지 마라."(집회 4,30)

약자(弱者) 배려

―

 초등학생 아니고 국민 학생이라 불리던 시절, 미사 중 헌금을 하던 내 손에 쥐어진 돈은 보통 10원이나 50원, 또는 100원짜리 동전이었다. 동전 특성상 돈을 움켜쥐어야 했기 때문에 손을 오그리는 동작은 필수였지만 어린이였기 때문에, 겨우 동전을 봉헌한다는 생각으로 부끄러워할 필요는 없었다. 그러다가 헌금 돈을 퇴계 이황 선생이 그려진 지폐로 신분 상승시킨 것은 중·고등학생 때였다. 정성을 담는다는 마음으로 늘 깨끗한 지폐로 헌금했는데 돈이 구겨지지 않도록 적당히 손을 오그렸다가 펼치면서 봉헌했었다. 이후 신학생 때부터는 봉투에 넣어서 했기 때문에 그냥 가볍게 들고 가서 내려놓으면 그만이었다. 돈을 봉투에 넣어서 헌금하는 문화는 아마 그 무렵부터 일반 성당에서도 보편화된 것으로 기억한다. 그게 별것 아닌 것 같지만 결코 작은 변화가 아니었다. 왜냐하면 적은 금액을 봉투 없이 맨손으로 헌금할 때는 돈을 감추느라 손을 오그라뜨렸기 때문이다. 아마 가난한 사람들은 큰 배려로 느꼈을 것 같다.

최근에 다양한 국적의 이주민들로 가득 찬 성당에서 유주교님 주례로 미사가 있었다. 언어가 다를 뿐 여느 때와 다를 바 없는 평범한 미사였는데 약간 색다른 풍경이 내 영혼을 두드려 깨웠다. 헌금하러 나오는 사람들을 우연히 보게 되었는데 대부분이 거의 주먹 쥔 것에 가까울 만큼 손을 오그라뜨린 모습이었다. 처음에는 의아해하며 물끄러미 바라봤는데 잠시 후 나도 모르게 점점 가슴이 먹먹해짐을 느꼈다. '세종대왕이나 신사임당을 모셨어도 저토록 손을 꽉 움켜쥐고 헌금을 할까?' 동전이나 천 원짜리라 겸연쩍어하는 표정으로 보였다. 같은 공간 안의 몇몇 내국인들은 상대적으로 당당하고 편안한 손 모양이라 한눈에 봐도 비교가 되어 내 마음이 더 안쓰러웠다.

날씨가 추울 때 몸을 웅크리게 되고, 걱정이나 불안이 엄습할 때 마음이 오그라들기 마련이다. 손도 그렇지만 몸이든 마음이든 어딘가가 오그라들었다는 것은 그 사람의 처지나 환경이 지금 편안하지 않다는 표현이다. 사실 세상의 약자(弱者)들 대부분은 여러 가지 이유로 오그라들거나 움츠러든 모습으로 불편함을 표현한다. 그런데 많은 경우 그들이 보내는 신호를 놓친다. 흔히 약자(弱者)가 바라는 것은 어마어마한 도움이 아니다. 사실 구체적인 도움은 누구나 그렇듯 아주 가끔 필요할 뿐이다. 평소에 필요한 것은 작은 배려 정도다. 이 이야기를 대전에서 이주민 사목을 하는 이 신부가 듣더니 앞으로는 봉투를 마련하겠단다. 반가운 일이다.
"천안에서 이주민 사목하는 박 신부야! 그대도 동참?"

"가서 너도 그렇게 하여라!"(루카 10,37)

변태⑺가 많아지게 하소서!

천주교 대전교구청 사회사목국장인 나는 대전가톨릭사회복지회 법인 회장이다. 하지만 우리 사무실에서는 그냥 '사장님'으로 통한다. 이른바 "사장님! 나빠요!"라고 할 때의 그 느낌이다. 그리고 내 위에 '회장님'이 한 분 있다. 막내 직원 노엘라다. 적어도 사무실에서 우리끼리는 막내가 '회장님'이다. 어쩌다 그런 일이? 사실 나는 사무실 직원들에게 친구와 같은 소통 관계를 위해 먼저 다가간답시고 일부러 윽박지르며 말도 안 되는 말로 시비를 걸곤 한다. 그럴 때마다 처음에는 다들 어쩔 줄을 몰라 했다. 하지만 예상했던 대로 이제는 내 말을 되받아치면서 나를 무력화시키는 경지에 올랐다. 위계질서가 거꾸로 가는 것 같은, 그런 직장 같지 않은 분위기를 나는 좋아한다. 그런 면에서 나는 변태(?)다. 나를 둘러싸고 함께하는 사람들이 각자의 자리에서 할 말은 할 수 있게 되기만 한다면 나는 기꺼이 변태(?)가 되어도 좋다. 아무튼 사무실 막내는 나를 구박하는 데 있어서 타의 추종을 불허했고, 그래서 자연스럽게 '회장님' 반열에 오를 수 있었다.

그 '회장님'이 결혼을 하는데 신혼집이 인천이라 어쩔 수 없이 사직서를 냈다. 마지막 송별 회식 자리에서 우리는 저마다 한마디씩 덕담을 해 주었고, 끝으로 '회장님'의 말씀을 들었다. 그런데 감동이었다. 그 말은 지금까지 내가 들은 송별사 중에 가장 강렬하고 인상적이었다. "함께 지내는 동안 제가 저로 살 수 있어서 정말 행복했습니다. 제가 저로 살 수 있도록 배려해 주신 나 신부님과 모두에게 진심으로 감사드립니다." 삶의 자리를 떠나면서 내가 나로 살 수 있었다고 고백할 수 있는 사람이 세상에 몇 명이나 될까? 이른바 직장은, 대놓고 속내를 이야기하기 어려운 곳일 뿐만 아니라 힘들어도 함부로 그만둘 수조차 없는 곳이다. 그것이 직장의 흔한 모습이다. 그런데 자기가 자기로 살 수 있어서 고마웠단다. 그 말이 나에게 얼마나 고맙게 들렸는지 모른다.

어디서든 감정을 다 표현하면서 살 수는 없다. 날것 그대로의 감정은 자칫 누군가에게 폭력이 될 수 있기 때문이다. 하지만 다듬어지는 과정만 있다면 감정은 드러내야 한다. 그래야 내가 나로 살 수 있고, 그래야 내가 행복하다. 문제는 항상 위계질서의 등장이다. 위계질서가 경직된 얼굴을 하고 나타날 때마다 행복은 방해받는다. 그래서 나는 이렇게 기도한다. "변태⑦가 많아지게 하소서! 위계질서를 앞세우지 않는 그런 변태⑦가 많아지게 하소서!"

"여러분은 현세에 동화되지 말고 정신을 새롭게 하여 여러분 자신이 변화되게 하십시오." (로마 12,2)

방귀쟁이 뽕뽕이

지난 부활 대축일 전날, 김 주교님을 모시고 전의에 있는 요양원에 가서 어르신 및 직원들과 함께 미사를 봉헌했다. 워낙 소박한 분위기라 부담 없이 앉아서 강론을 듣고 있었다. 그때 내 옆에는 변 신부가 앉아 있었다. 요즘 나는 미사 때, 손을 모아 합장하는 자세를 계속 유지하려고 노력한다. 그리고 동시에 미소 띤 얼굴을 유지하고 싶어서 의도적으로 입꼬리를 올리려고 계속 노력 중이다. 그런데 갑자기 방귀 소리가 두 번 살짝 들렸다. 더 이상 입꼬리를 올리려 일부러 노력할 필요가 없어진 순간이었다. 아주 자연스럽게 저절로 입꼬리가 올라갔다. 고개를 돌려 변 신부를 바라

보면서 나지막한 목소리로 물어봤다. "너! 방귀 뀌었지?" 변신부는 긍정의 의미로 씩 웃었다.

처음에는 그냥 가볍게 한 번 웃고 넘어갈 일인 줄 알았다. 그런데 그게 아니었다. 후폭풍이 기다리고 있었다. 그때부터 은은한 똥 냄새가 계속 나는 것이었다. 미사가 끝날 무렵까지 냄새가 가시지 않았다. 그래서 다시 물어봤다. "너! 솔직히 쌌지?" 그랬더니 눈을 동그랗게 뜨면서 절대 아니라고 했다. 나는 또다시 추궁했다. "그러면 계속 나는 이 냄새는 뭐야? 어떻게 설명할 거야?" 그러자 자기는 정말 떳떳하다는 표정으로 이렇게 말했다. "요즘 밭에 거름을 주는 철이라, 바람을 타고 날아온 냄새겠지요!" 그 말을 들으니 그럴 수도 있겠다 싶어 수긍하려고 했다. 하지만 나는 또 다른 생각을 하면서 미소를 짓지 않을 수 없었다. '바람 타고 온 것이라면 처음부터 냄새가 났어야지, 왜 하필 방귀를 뀐 다음부터…' 사실 방귀를 뀌면서 쌌든, 바람을 타고 온 거름 냄새든, 혹은 어르신 중에 누군가가 때마침 그때 실례를 하셨든 관계없다. 덕분에 미사 시간이 즐거웠다. 어떤 이유로든 입꼬리가 올라간다는 것은 좋은 일이다. 미사는 거룩해야 하지만 또한 편안하고 기뻐야 한다. 하느님을 아버지라고 부르는 사람들인데 방귀를 뀐들, 똥을 싼들 그분께서 설마 뭐라 하시겠는가!

변 신부를 지저분한 쪽으로 자꾸 등장시켜 미안한 마음도 없지 않다. 하지만 이런 재미난 이야기를 널리 퍼뜨리지 않고 그냥 덮는다면 무책임한⁽?⁾ 사람이 되는 것 같아 나도 어쩔 수 없다. 그리고 변 신부는 워낙 잘생기고 성품이 좋아서 이 정도 흠집 내기로는 이미지에 타격을 입지 않으리라 확신한다. 물론 모를 일이다. 당하는 놈⁽?⁾ 입장은 어떨지…. 아무튼 변 신부는 방귀쟁이 뿡뿡이다. 그런데 그것보다 더 중요한 것이 있다. 입꼬리를 올려 주는 사람은 고마운 사람이다.

"행복에 싸인 마음의 기운은 밝은 얼굴에 나타난다."(집회 13,26)

어이없는 일

건강 검진을 했는데 어이가 없다. 겉으로는 '기승전, 자기 자랑'을 즐겨 하는 나지만 속으로는 스스로의 부족함을 잘 알고 있는데 비타민 D까지 부족하단다. 비타민 D는 햇빛을 쐬면 부족할 리 없는 영양소인데 이토록 까만 피부의 소유자가 비타민 D가 부족하다니 이게 말이 되는가! 나보고 어쩌란 말인가! 분홍색 계통의 옷은 전혀 어울리지 않을 만큼 피부가 끼만데, 이니, 여기서 얼미니 더 검이져야 한다는 말인가! 하늘도 무심하시지! 아! 어이없어!

그런데 더 어이없는 일이 있었다. 얼마 전 늦은 밤이었다. 옆방에 사는 사무처장 강 신부님 방에서 포도주를 얻어

마시며 이런저런 푸념을 늘어놓고 있었다. 그런데 살짝 열린 방문 사이로 복도를 지나는 누군가의 모습이 보였다. 그래서 후배 신부려니 생각하고, "누구여?" 하고 큰 소리로 불렀다. 그랬더니 "나여!" 하면서 누군가가 들어오는데 뜨악하지 않을 수 없었다. 김 주교님이었다. 주교님께 본의 아니게 반말을 한 셈이라 죄송했지만 상황이 재밌어서 서로 한바탕 크게 웃었다. 그리고 대화가 계속 이어졌고, 졸음이 쏟아지기 시작했다. 그런데 아뿔싸! 눈을 떴는데 아침이었고, 어이없게도 강 신부님 방 거실이었다. '어라? 이건 또 무슨 상황?'

(나) "제가 여기서 잠들었어요?"

(강 신부) "응!"

(나) "주교님이 계셨는데 그 앞에서 제가 잠들었다고요?"

(강 신부) "응! 대화 중에 스르르 귀엽게 누워 자더라!"

(나) "예? 제가요? 요즘 정말 계속 어이가 없네!"

다음 날, 대전교구 설정 70주년 미사가 있어 주교좌성당에 가서 제의를 입고 사제단과 함께 서 있었는데 김 주교님이 다가오시더니 씩 웃으면서 말씀하셨다. "어젯밤에 교구청 복도를 지나가는데 나 신부가 '누구여?' 해서, '나여!' 하고 들어갔는데 실컷 자기 얘기만 하다가 잠들더라고?" "아! 그게 아니라요. (^^;) 워낙 편하게 대해 주시니까 제가 그만 정신 줄을…. 죄송합니다!" (^^;) 살다 살다가 대화 중에, 그것도 어른 앞에서 잠이 들어 버린, 이런 어처구니없는 일은 정말 처음이다.

어이없는 일은 누구에게나 생길 수 있다. 그런데 어이없는 일을 통해서 자신의 부족함을 깨닫게 되기도 한다. 그리고 어떤 때는 어이없는 일을 통해서 내가 믿는 그분을 만나게 되기도 한다. 때로는 어이없는 일도 나쁘지 않다.

"더듬거리다가 그분을 찾아낼 수도 있습니다."(사도 17,27)

이탈은 성장의 기회다

김제동 씨가 진행하는 TV 프로그램을 보다가 인상적인 시 한 편을 만났다. 김중식 님의 '이탈한 자가 문득'이라는 시인데 내용은 이렇다. "우리는 어디로 갔다가 어디서 돌아왔느냐 자기의 꼬리를 물고 뱅뱅 돌았을 뿐이다. 대낮보다 찬란한 태양도 궤도를 이탈하지 못한다. 태양보다 냉정한 뭇별들도 궤도를 이탈하지 못하므로 가는 곳만 가고 아는 것만 알 뿐이다. 집도 절도 죽도 밥도 다 떨어져 빈 몸으로 돌아왔을 때 나는 보았다. 단 한 번 궤도를 이탈함으로써 두 번 다시 궤도에 진입하지 못할지라도 캄캄한 하늘에 획을 긋는 별, 그 똥, 짧지만 그래도 획을 그을 수 있는, 포기한 자 그래서 이탈한 자가 문득 자유롭다는 것을."

    사회사목국 2박 3일 직원 연수에 약 350명이 참여한다는 말을 들은 나는 직원들을 행복하게 할 방법을 찾고 있었다. 때마침 이 시를 만났는데 내게 명령하는 것 같았다. '궤도를 이탈해! 신부들이 댄스 공연을 하는 거야!' 솔깃한 명령이라 내 마음은 굳혔으나 동료 신부들이 어떻게 생각할지가 관건이었다. 그런데 우려와 달리 신부들은 모두 흔쾌히 동참해 주었다. 연수 때 신부들의 공연을 보면서 좋아할 직원들의 얼굴을 떠올리는 것 같았다. 더구나 유연성 제로에 가까운 나도 하겠다고 하니 못할 이유가 없다는 분위기였다. 아무튼 그렇게 춤 연습은 시작되었다. 나름 예상은 했지만 역시나 내 몸은 통나무였다. 다른 신부들은 쉽게 하는 동작도 내게는 어렵기만 했다. 그래서 어쩔 수 없이 더 노력해야 했다. 동영상을 수백 번 되돌려 보며 춤 동작을 익혔고, 전신 거울까지 보면서 맹연습했다. 그리고 딱 한 번이지만 선생님 개인 지도까지 받았다. 덕분에 조금은 나아졌으나 신통한 수준까지는 아니었다. 그렇지만 춤이 운동도 될 뿐만 아니라 기분 전환에도 도움이 된다는 사실을 깨달았다. 심지어 이런 쓸데없는 생각까지 했다. '이러다 나 춤바람 나는 거 아 냐?' 아무튼 공연의 완성도를 떠나 '따르릉'이라는 노래에 맞춰 신부들 열댓 명이 무대에서 춤을 추니까 인기 연예인 못지않은 폭발적인 반응이 쏟아졌다. 열광하면서 행복해하는 직원들을 보면서 신부들 또한 모두 행복했다.

누구나 획을 그을 수 있는 삶을 동경한다. 하지만 궤도를 이탈할 생각은 아무나 하지는 못한다. 획을 긋는 성취감보다 이탈로 인한 후유증이 두렵기 때문이다. 그렇다면 완전한 이탈 말고 다시 궤도에 진입할 수 있을 정도의 이탈은 어떨까? 소극적이거나 권위적인 나로부터의 이탈 등은 시도해 볼 만하다. 틀이 나를 가두는 것이 아니라 내가 틀에 갇혀 산다. 이탈은 금기의 영역이 아니라 때론 성장의 기회이다.

"여러분은 지극히 거룩한 믿음을 바탕으로 성장해 나아가십시오." (유다 1,20)

때로는 그놈,
돈이 구원이고 사랑이다

수백 명의 직원 중에 한 분이 내게 면담을 청했다. 평소와 달리 그분 표정에서 삶의 고단함이 느껴졌다. 아니나 다를까? 기도하다가 눈물이 왈칵 쏟아졌단다. 그 얘기를 하면서도 눈가가 촉촉해졌다. 표정만 봐도 얼마나 힘든지 그 진정성이 느껴졌다. 길게 대화하지 않아도 도와야겠다는 확신이 들었다. 하지만 목돈을 만들어 내야 하는 문제라 고민이 필요했다. 그래서 고민해 보겠다고 말한 뒤 면담을 마쳤는데 그때부터 그분의 어려움이 이미 내 일이 돼 있었다. 나는 신부라 처자식이 없다. 게다가 빚도 없지, 노후는 교회가 책임지지, 사회 복지에 묵은 지 오래됐지, 그래서 이때다 싶으면 돈 백 정도는 기꺼이 내주곤 했다. 그런데 이번에는 덩어리가 좀 컸다. 자동차 한 대 값 정도의 돈이 필요한 일이라 나로서도 조금 막막했다. 공적으로 도울 일이었으면 차라리 쉬웠을 텐데 그런 성격의 것은 아니었다. 그렇다고 사적으로 대출을 받아서 해결하자니 그럴 마음은 쉬이 내키지 않았다.

뾰족한 방법은 떠오르지 않고, 고민이 머릿속에서 떠나지 않자 나중에는 약간 짜증이 올라왔다. '내가 왜 남의 일로 이렇게 힘들어하지?' 그런데 이상했다. 도무지 이상하리만큼 남의 일로 느껴지지 않았다. 평소 성질머리는 분명 지랄 같은데 이럴 때 보면 착한 구석도 없지 않다. 아무튼 약간의 짜증도 잠시, 지인들에게 도움을 청해 보기로 마음먹으면서 고민은 끝났다. 그러고 나서 돈 얘기를 편하게 꺼내도 될 만한 몇몇 사람에게 아주 간단한, 하지만 강탈 수준의 문자를 보냈다. 약간 어이없게도 돈은 빛의 속도로 들어왔고, 떼먹어도 괜찮다는 식으로 회신한 분들도 적지 않았다. 눈물이 날 것 같은 감동이 일었다. 나 역시 그분께 송금하면서 '장기 무이자 대출'로 생각하시거나 갚지 않아도 그만이라고 말했다. 그분과 그만큼 친한 사이라서가 아니라 어차피 되돌아올 가망이 별로 없을 것 같아, 빌린 돈 그냥 내가 천천히 갚는다는 마음을 먹기로 했다. 송금 소식을 들은 그분은 막혔던 가슴이 뚫렸다고, 운전 중이었는데 운전할 수 없을 만큼 자꾸 눈물이 흘렀다고 했다.

내 꿈은 사는 동안 백 사람에게 '예수님 되어 주기'이다. 그런데 이번에는 나름 거금이 필요한 상황이라 고민이 따랐었다. 하지만 그 고민은 체험한 은총의 크기에 비하면 아무것도 아니었다. 때때로 '예수님 되어 주기'를 감행하는 데 쉽지 않은 그 일이 거꾸로 행복감을 안겨 주곤 한다. 돈은 참 희한하다. 분명히 말도 많고 탈도 많은 녀석인데 때로는 그놈, 돈이 구원이고 사랑이다.

"형제나 친구를 위해 돈을 내주어

그 돈이 돌 밑에서 녹슬지 않게 하여라." (집회 29,10)

체험은 나눠야 제맛이다

―

뜨거운 여름이었다. 2018년 여름을 결코 잊지 말라는 것 같았다. 정말로 일찍이 경험해 보지 못한 엄청난 더위였다. 기상청 관측 이래 최고의 더위, 111년 만에 가장 무더운 날씨의 연속이었다. 오죽하면 일기 예보에서 태풍을 기다리는 듯한, 하지만 아쉽게도 자꾸 빗나간다는 뉘앙스의 말을 여러 번 들었다. 식사했느냐는 흔한 인사보다 더위에 어찌 지내냐는 인사를 더 많이 들었다. 나는 그런 인사를 받을 때마다 습관처럼 이렇게 말했다. "이런 날씨에 실외에서 노동하는 분들도 있는데 저야 뭐…." 괜한 말이 아니었다. 목수 일로 내 뒷바라지를 해 주었고, 여전히 현직 목수인 형들이 땀을 흘리며 일하고 있는데 더위 타령을 할 수는 없었다. 참 다행이다. 가난을 살아 봐서 다행이고, 형들 덕분에 노동의 숭고함을 일찌감치 깨달을 수 있어서 다행이다. 그래서인지 땀 흘리며 노동하는 분들의 수고가 남의 일처럼 느껴지지 않는다. 정말 대단한 여름이었다. 그럼에도 덥다는 말을 덜 했다. 투덜대는 말 대신 한 번 더 기도했다. "주님! 저의 형들과 노동자들을 지켜 주소서!"

교구청에도 땀 흘려 일하는 자매님들이 있다. 가정으로 따지면 엄마 역할을 해 주시는데 어쩌면 그렇게 하나같이 겸손과 착함이 뚝뚝 떨어지는지, 보기만 해도 기분이 좋아지는 분들이다. 어느 날 단골 식당에서 사과를 맛있게 먹다가 자매님들이 떠올랐다. 한 상자씩 사 드리고 싶었다. 그래서 여러 상자 주문이 가능한지 묻고 부탁을 드렸다. 그리고 며칠 후 직원을 통해서 자매님들에게 건네드렸다. 이후 복도에서 자매님들을 만날 때마다 감사 인사를 여러 번 받은 기억이 있다. 그리고 나서 한참을 잊고 지냈다. 그러던 어느 날, 밥 먹으러 교구청 식당에 갔는데 조금 이른 시간이었다. 그래서 자매님들과 이야기를 좀 나눌 겸 주방에 들어갔더니 최고 어른인 발비나 자매님이 말을 건네셨다. "아참! 신부님! 사과 맛있게 먹었어요! 아이고, 그런데 사과가 똥이 다 돼서야 말씀드리네요!" 인사가 늦어 미안하다는 말을 어찌나 재미있게 표현하시던지…. 그리고 이어서 말씀하셨다. "오늘 메뉴는 오골계 백숙인데 신부님 피부 닮았어요!" 유머까지 장착하고 계신 줄은 미처 몰랐다. 덕분에 한바탕 모두 크게 웃었다. 억지로 하면 그냥 노동이지만 기쁘게 하면 일은 행복이다.

나는 글을 쓰든 직접 대화를 하든 솔직한 편이다. 좋은 느낌, 불편한 느낌, 가리지 않고 다 표현한다. 내 비행(非行)이나 선행(善行)을 들추는 것도 꺼리지 않는다. 누군가에게 해가 되지 않고, 오히려 자극을 주거나 영감을 끄집어낼 수 있다면 굳이 감출 이유는 없다. 체험은 나눠야 제맛이다.

"서로 자극을 주어 사랑과 선행을 하도록 주의를 기울입시다."(히브 10,24)

통계는 답을 알고 있다

　　　　　　어느 날 아침, 자고 났는데 손가락 관절이 뻣뻣하고 통증이 느껴졌다. 느낌이 좋지 않았지만 그냥 그러려니 넘어갔다. 몇 달이 지난 어느 날 아침, 불편한 증세가 이번에는 손목으로 왔다. 께름칙했지만 또다시 그러려니 했다. 그러던 어느 날, 잠든 중에도 무릎이 아픈 게 느껴졌다. 무리하게 등산을 해서 그런가 싶다가 퍼뜩 짚이는 것이 있었다. 가만히 기억을 더듬어 보니 매번 고등어회를 먹은 다음 날 통증이 왔다. 등 푸른 생선이나 맥주가 통풍 환자에게 좋지 않다는 상식을 가지고 있었기 때문에 통풍 증세가 아닌가 싶었다. 아니나 다를까, 병원 진료를 받았더니 통풍 전

조 증상이란다. 젠장! 맛있는 음식들이 이제 그림의 떡이 되었다. 세상 참 공평하다. 평생 조금씩 먹었어야 할 음식들을 미리 다 당겨먹었나 보다. 이젠 육류보다 채소 중심으로 식단을 바꿔야 할 것 같다. 어쨌거나 통계가 말해 주었다. "고등어회만 먹었다 하면 아프니 통풍일 수 있다고…."

'한강'이라는 작가의 『채식주의자』라는 책이 있다. 몇 년 전 이 신부가 그 책 이름을 떠올리다가 기억이 가물가물한지 확신 없는 목소리로 "야채주의자?"라고 말해서 어이없어하며 웃은 적이 있었다. 그런데 나는 요즘 본의 아니게 바로 그 '야채주의자'가 됐다. 평소 음식을 워낙 맛있게 먹는 편이지만 채소류보다는 고기류 음식들을 선호했었다. 그런데 이제는 선택의 여지가 없게 됐다. 아프지 않으려면 채소 위주의 식사를 해야 한다. 그래서 요즘 토끼처럼 채소만 먹는다고 투덜거렸더니 주변에서 나보고 절대로 토끼 같지는 않단다. 맛있게 먹는 식성이 여전해서 그런지, 아니면 불같은 성질이 토끼와는 전혀 어울리지 않아서 그런지, 그냥 풀을 맛있게 먹는 호랑이 같단다. 이거 웃어야 할지 울어야 할지…. 아무튼 채소 위주로 식사를 하니까 몸무게는 조금 내려갔다. 그나마 위안으로 삼는 대목이다. 채소를 많이 먹어서 살이 쪘다는 얘기는 들어 본 적이 없다. 살찌게 하는 것은 채소가 아니라 육류라는 것을 통계가 증명한다.

통계는 답을 알고 있다. 그래서 통계는 말한다. 누적된 경험이 통계가 되고, 답안을 내미는데 거의 틀리는 법이 없다. 때로는 무슨 일이 일어날지 통계로 예측까지 가능하다. 통계는 항상 한 걸음 앞서 걸으며 가능성을 재단한다. 그리고 재빨리 정보를 제공한다. 우리는 통계와 함께, 통계 안에서 지낸다 해도 과언이 아니다. 그렇다면 통계가 답하게 해야 한다. 내가 너무 많이 나갔던 것은 아닌지, 내가 사랑이 부족했던 것은 아닌지 말이다.

"지혜는 과거를 알고 미래를 예측하며 명언을 지어 내고
수수께끼를 풀 줄 알며 표징과 기적을,
시간과 시대의 변천을 미리 안다."(지혜 8,8)

사람도 상품이다?!

교구청 가까운 곳에 '실비횟집'이라는 식당이 있는데 단골이 됐다. 아니, 단골 그 이상이다. 단체 회식 장소가 마땅찮아 혹시 삼겹살도 가능한지 여쭈어봤더니, 주인아주머니는 특유의 사투리로 대답하셨다. "그류~!" 분명히 회식 장소는 횟집인데 전혀 다른 상차림을 보면서 모임에 온 사람들은, "횟집 아니었어요?"라고 말하며 어리둥절해했다. 이제야 고백하는데 나는 사악하게도 그런 반응을 즐긴다. 아무튼 처음 삼겹살로 물꼬를 튼 이후 등갈비찜, 수육, 소갈비찜, 닭백숙, 닭볶음탕 등등 횟집의 정체성을 흔드는(?) 기이한 주문을 이어 간다. 어떤 메뉴도 가능한 그 집 덕분에 회식 장소에 대한 고민은 더 이상 하지 않게 되었다. 그때그때 먹고 싶은 것만 정하면 끝이다. 뭐든 미리 말씀만 드리면 사장님의 대답은 "그류~!"이다. 그 어떤 메뉴를 주문해도 "그류~!"와 함께 웬만한 전문점 뺨치는 맛난 음식을 내주신다. 게다가 인심도 후하고 가격까지 저렴하다. 결정적으로 다른 손님이 거의 없어 시끄럽지 않아 좋다. 주인아주머니의 "그류~"는 참 매력적이다.

교구청 신부들은 바로 이웃하고 있는 가르멜 봉쇄 수녀원에 정해진 순서에 따라 15일씩 아침 7시 미사를 집전한다. 최근 내 차례 때 연로하신 수녀님 한 분이 선종하셨다. 아침에 가서 보니 수녀님들 사이에 수도복을 곱게 입은 한 분이 편안한 모습으로 누워 계셨다. 강론을 시작하면서 선종하신 수녀님은 어떤 분이셨냐고 여쭤봤더니 수녀님들이 뭐라 뭐라 말씀하셨다. 그런데 잘 들리지 않았다. 그래서 다시 "뭐라구요?" 했더니, 수녀님들이 이구동성으로 대답하셨다. "성녀였다구요!" 전날 김 주교님도 선종하신 수녀님에 대해 평소 성녀 같은 분이었다고 말씀하셨었다. 성찬 전례 경문을 외는데 성녀였다는 말이 다시 떠오르며 갑자기 울컥했다. 다행히 겨우 참았는데 강복 전에 한마디 더 하다가 다시 울컥하는 바람에 말을 잇지 못하고 잠시 눈물을 훔쳤다. '그냥 인생을 사는 것도, 나아가 신앙인으로 사는 것도, 더 나아가 성직자나 수도자로 사는 것도 어떤 의미에서 힘든 일인데 성녀처럼 살기 위해 얼마나 힘들었을까?' 하는 생각이 들었기 때문이다. 게다가 최근 직원 인사이동과 관련해 수많은 면담으로 인해 힘들었던 감정이 중첩되면서 눈물이 났던 것 같다.

식당 주인아주머니의 "그류~!"라는 말은 참 매력적이다. 아마 '성녀'라고 칭송받은 수녀님 역시 늘 "그류~!" 하셨을 것 같다. 어떤 의미에서 사람도 상품이다. "그류~!" 하는 상품도 있고, "싫유~!" 하는 상품도 있다. "그류~!" 하는 것이 당장은 손해 같을 수 있다. 하지만 손해를 긍정하는 사람은 결코 손해를 보지 않는다.

"다른 이가 너를 칭찬하게 하여라."(집회 27,2)

사람이 선물이다

　매달 후원자들에게 소식지를 발송한다. 한꺼번에 많은 양의 우편물을 발송해야 해서 작업을 도와주는 봉사자들이 꽤 많다. 보통은 가까운 성당에서 신자들 서너 분이 같이 오시거나 더러는 개별적으로 오신다. 담당 직원 스텔라가 혼자 봉사하러 오신 한 자매님과 마주 앉아 소식지를 접어 봉투에 넣는 작업을 같이 했단다. 그러면서 음식 조리법에 대해 여쭤봤는데 지매님은 본인의 딸과 이름이 같은 스텔라를 예뻐하면서 친절하게 설명해 주셨던 모양이다. 마침 내가 옆을 지나는데 직원 스텔라가 새로 오신 봉사자라면서 자랑하듯이 그분을 소개했다. 그 자매님은 예전에 나한테서 선물과 편지를 받아서 고마웠다고 말씀하셨다. 그런데 기억이 가물가물해서 어색한 표정을 지었고, 죄송한 마음에 말을 얼버무렸다. 평소 은인들에게 편지는 직접 쓰지만 선물과 함께 전달하는 것은 직원들에게 시켰기 때문에 기억나지 않는 게 당연했다. 나중에 알고 보니 3년 전쯤 얼굴도 드러내지 않고 감동적인 사연과 함께 거금을 후원해 주신 분이었다.

나는 요즘 그 자매님을 막무가내로 대하고 있다. 후원자가 매달 우편 작업 봉사까지 해 주는데 그것도 모자라 거의 직원처럼 부려 먹는다. 스텔라가 식사 당번일 때 도움을 주러 오셨었는데 이후 다시 오실 날짜를 내가 계속 잡고 있다. 그러니까 무지막지하게도 은인을 식사 봉사자로 부리고 있다. 그런데 참 신기하다. 그렇게까지 낯짝이 두꺼운 놈은 아닌데 만난 지 얼마나 됐다고 전혀 어려워하지 않으면서 내가 그러고 있다. 그만큼 편하고 좋은 분이라 왠지 그래도 될 것 같고, 부담스럽지 않으니 자꾸 더 그러고 있다. 물론 그럼에도 그분이 거부하면 어쩔 수 없는 일이다. 그런데 그분은 우리에게 밥이 되어 주든 밥을 해 주든 뭔가 도움을 주기로 작정하신 분 같다. 아마 웃음 넘치는 사무실 식사 분위기도 한몫했을 것 같고, 해 주는 음식마다 맛있게 먹는 모습도 마음에 드셨을 것 같다.

그저 선물 같은 분이라고밖에 달리 표현할 길이 없는 분이다. 살면서 선물이라는 선물은 차고 넘치게 받아 봤다. 그런데 '사람이 선물이다.'라는 구체적인 생각은 그분을 통해서 처음으로 하게 됐다. 그분 덕분에 이미 받은, 선물 같은 사람이 많다는 것도 새삼 느꼈다. 선물 같은 사람이 되려면 어떤 모습이어야 하는지 그분을 통해서 새롭게 배우고 있다. 한마디로 그분은 하느님의 선물 같은 분이다. 나도 사람들에게 선물 같은 사람이면 좋겠다.

"이루 말할 수 없는 선물을 주시는 하느님께 감사드립니다." (2코린 9,15)

마음 강탈자

　한 모 신부가 탈모 유전자를 물려준 부모님께 법적 소송을 준비하고 있다고 익살스럽게 너스레를 떨곤 한다. 유전자에 대한 불만 사항은 나도 갖고 있지만 법적 소송까지는 좀…. 물론 나에 대해 다른 사람들은 걱정하는데 나만 사태의 심각성을 모를 수 있다. 하지만 사태가 심각해도 할 수 없다. 어찌해 볼 수 없는 차원이라 포기한 지 오래다. 차라리 내면을 가꾸는 편이 낫다는 것을 이른 나이에 깨달았다. 물론 가꾼 내면이 그것밖에 안 되냐고 하면 솔직히 할 말은 없다. 하지만 그나마 가꿨으니 이 정도다. 때때로 평범함을 훌쩍 넘어서는 외모를 소유한 사람을 보게 되는데 그들은 멀리서 봐도 눈에 띈다. 대충 한 번 보고 저절로 다시 보게 되는, 소위 시선 강탈자들이 있다. 뛰어난 유전자를 소유한 사람들, 생긴 거로 이미 반 먹고 들어가는 사람들, 진짜로 부럽다. 왠지 그들은 한 모 신부나 나 같은 급(級)은 감히 꿈꾸지 못할 영역에서 단맛을 누리면서 살 것 같다.

부러운 시선 강탈자가 있는 반면에 딱한 소탐대실자(小貪大失者)도 있다. 똑똑한 척 온갖 설레발을 치면서 뭔가를 얻어 내긴 하는데 동시에 사람을 잃는다. 목표를 달성한답시고 정작 큰 것을 놓치는 사람이 소탐대실자다. 그들은 조언에는 귀를 닫고, 손해는 안 보며, 갈등이나 잡음을 유발한다. 그렇게 해서 얻어 낸 고작 작은 거로 만족이 되는지 그 셈법을 모르겠다. 사람은 행복의 씨앗과 같아서 사람을 잃을수록 입지는 좁아지고 행복은 야위어 간다. 그러니 얻은 게 얻은 것이 아니다. 사람은 욕 말고 신뢰와 존경과 사랑을 먹고 살아야 한다. 그런 것을 먹으려면 일이 더뎌도 견디고, 불편이나 손해도 받아들이며, 돈도 가볍게 여길 줄 알아야 한다. 그렇게 '비움'을 살아가는 사람만이 소유할 수 있는 매력이 있다. 내가 아는 많은 사람은 그런 매력을 갖고 있고,

나는 그들의 매력에 빠져 마음을 빼앗기곤 한다. 그런데 빼앗긴 마음자리에는 어김없이 행복이 채워진다. 분명 도둑인데 참 괜찮은 도둑이다. 훔친 자리에 꼭 행복을 남긴다. 제법 나이를 먹었는데도 여전히 시선 강탈자가 부럽다. 그런데 사실 그보다 한 수 위는 마음 강탈자다. 어린 짐승을 움켜쥐려면 목덜미를 잡아야 하고, 사람을 사로잡으려면 마음을 사야 한단다. 마음을 사는데 단연 으뜸은 '비움' 매력 발산이다.

시선 강탈자는 아무나 될 수 없다. 하지만 마음 강탈자는 누구나 될 수 있다. '비움'을 살아버릇하면 된다. 그러면 매력이 자라고, 어느 순간 누군가의 마음을 훔치게 된다. 누군가가 또 행복해지는 것이다. 거 참 좋은 도둑질 아닌가!

"사람 마음속의 뜻은 깊은 물과 같지만

슬기로운 사람은 그것을 길어 올린다."(잠언 20,5)

감추어진 좋은 것

―

　　　　　동기인 백 신부의 새 자동차를 운전해 봤는데 내가 미처 경험하지 못한 몇 가지 기능이 있었다. 그 가운데 하나가 운전 중 정차할 때 굳이 브레이크를 밟고 있지 않아도 되는 오토홀드(Auto hold) 기능이었다. 도심에서 운전할 때 신호 대기를 하는 경우가 많은데 그때 꽤 쓸모가 있었다. 그래서 조금 부러워했다. 그런데 정말 어이없는 일이 생겼다. 내 차를 탔는데 오토홀드 버튼이 떡하니 보이는 것이 아닌가! '어? 이거 뭐지?' 아뿔싸! 어디서 많이 봤다 싶었는데 내 차에도 똑같은 기능이 있었다. 자동차를 2년 넘도록 타면서 무심코 보기만 했지 도대체 그것이 뭐 하는 기능인지 단 한 번도 궁금해하지 않았다. 사람이 무심해도 정도가 있지, 이건 너무 심했다. 그런 내가 서운했는지 마치 내게 대들기라도 하려는 듯 놈은 돋보기로 확대한 것만큼의 크기로 눈에 확 띄었다. '그래! 마음껏 도발해라! 입이 열 개라도 내가 너한테 할 말이 없다!' 자동차는 굴러가기만 하면 된다는 평소 내 지론이 낳은 참사⑵였다. 적잖이 당황스러운 경험이었으나 새로 발견한 기능 덕분에 운전은 좀 더 수월해졌다. 항상 그놈의 무관심이 문제다. 아주 가까이에 있는 좋은 것도 못 보게 감추어 버리는 것이 무관심이다.

인사이동과 신규 채용으로 사무실 식구들 구성원에 변화가 생겼다. 새로 온 직원들은 업무 파악하랴 낯선 일 하랴 요즘 많이 바쁘다. 야근도 다반사다. 상대적으로 한가한 나는 괜히 미안해졌고, 점심 식사 준비나마 도움이 되었으면 하는 마음으로 시간이 될 때 주방에 들어가기 시작했다. 누군가를 위해 음식을 만들어 줄 생각은 거의 없었는데 막상 해 보니 손맛이 괜찮은지 음식이 나름 먹을 만했다. 무엇보다 음식을 먹는 사람들 반응이 괜찮아 마음이 움직이고 있다. 혹여 맛이 별로인데도 나를 좀 더 부려 먹으려고 칭찬해 주는 것이어도 좋다. 오랫동안 감추어져 있던 음식 만드는 본능이 꿈틀대기 시작했고, 요리가 의외로 재미있는 구석이 있다는 것을 이미 알아 버렸다.

감추어진 것은 좋지 않은 것이기 쉽다. 하지만 얼마든지 좋은 것도 감추어져 있을 수 있다. 견고한 일상에 균열이 생겨야 감추어진 좋은 것들이 틈새를 비집고 나올 수 있다. 그렇다면 반복되는 일상을 깨야 한다. 늘 똑같은 나를 흔들어 대야 한다. 과거를 붙들고 두려움을 움켜쥔 채 성장이라는 행복을 거머쥘 수는 없다.

"숨겨진 것은 드러나기 마련이고

감추어진 것은 알려지기 마련이다."(루카 12,2)

사람을 미워할 이유는 없다

대전교구 성직자 목록을 봤더니 2018년 현재, 후배 신부가 대략 230명이다. 이래저래 인연이 닿아 친분이 있는 경우도 있지만 삶의 자리가 달라서 서로 잘 모르는 경우가 있다. 아무튼 많은 후배 가운데 '존경하는'이라는 말을 덧붙여 부르게 되는 신부가 있다. 사회 복지 법인 대표 이사 직책과 함께 노인 요양 시설 원장 책임까지 맡고 있는 박 신부다. 산타 할아버지가 누가 착한 아이인지 나쁜 아이인지 다 알고 계신 것처럼 마찬가지로 우리 신부들끼리는 누가 착한 신부인지 다 안다. 착함과 겸손에 있어서 박 신부를 능가하는 사람을 찾기 어려울 정도다. 박 신부는 신학생 때의 겸

손함과 성실함을 여전히 유지하고 있는, 정말 존경스러운 후배 신부다. 박 신부도 매달 글을 쓰는데 감탄을 자아낼 만큼 공감한 내용이 있었다. 그래서 전체 직원 모임 때 내용을 이야기해 달라 부탁했다. 그런데 어쩌면 그렇게 설득력 있게 말도 잘하는지….

박 신부가 살고 있는 노인 요양 시설은 작은 마을처럼 이루어져 있다. 야트막한 산으로 둘러싸인 그곳에 어르신들과 직원들을 위한 산책길을 만들 구상을 했던 모양이다. 그런데 산림청의 정책적 도움을 받아 무료로 정비를 받았단다. 산림청 관계자들은 우거진 잡목들을 베어 냈고, 심지어 군데군데 편백나무까지 심어 주었단다. 그랬더니 그동안 잡목들에 감춰져 있던 소나무들이 멋진 자태를 뽐내더란다. 그 무렵 나도 직접 가서 봤는데 주변 경관이 훤해졌을 뿐만 아니라 군데군데 소나무도 아름다운 모습으로 자기 존재감을 드러내고 있었다. 그런데! 봄바람이 세차게 불던 어느 날, 몇 그루의 소나무는 가지가 꺾이고, 또 다른 몇 그루는 뿌리째 뽑혔단다. 지난 세월 태풍에도 끄떡없던 나무들이었는데 거친 봄바람 정도에 그 지경이 되었다고 했다. 소나무 주변의

잡목들과 덤불들을 제거해서 그렇게 되었단다. 지저분하고 쓸모없는 것들이라고만 여기던 잡목과 덤불들이 오히려 바람막이 역할을 했었고, 그 덕분에 소나무들이 제자리에 서 있을 수 있었다는 말이다.

사람도 마찬가지다. 나에게 힘이 되어 주는 사람들 덕분에 내가 바로 서 있다고 생각하기 쉽다. 하지만 그게 전부는 아니다. 나를 힘들게 하는 사람 덕분에 내가 더 탄탄해지고, 한 뼘 더 성장했을 수 있다. 나에게 어려움을 주는 사람조차 나에게 필요한 존재다. 그러니 사람을 미워할 이유는 없다.

"빛 속에 있다고 말하면서 자기 형제를 미워하는 사람은 아직도 어둠 속에 있는 자입니다." (1요한 2,9)

그러거나 말거나

 사람이 좋다. 나를 편하게 대하는 사람이 좋다. 그들을 만나면 나 또한 편하다. 어찌 그리 맑고 밝고 선한지, 함께 만나서 대화를 나누는 것만으로도 행복하다. 그러나 나를 어렵게 여기는 사람도 더러 있다. 그런 사람 별로다. 내가 뭘 어쨌다고 어려워하는지 알 수가 없다. 심지어 표정이 굳는 사람도 있다. 그런 사람 정말 별로다. 어쩌면 나도 모르게 내가 불편을 줬는지 모른다. 하지만 그러거나 말거나…. 불편한 게 있으면 대놓고 말을 하든지….

 사람이 좋다. 나에게 잘해 주는 사람이 좋다. 그들에게는 나도 잘해 주게 된다. 서로 마음이 부자가 되어 뭐든 퍼

주게 되니 행복하지 않을 수 없다. 그러나 나에게는 잘해 주면서 다른 사람들에게 함부로 대하는 사람이 있다. 그런 사람 별로다. 그런데 겪어 보니 다른 사람들에게는 잘해 주면서 나에게만 유독 퉁명스러운 사람도 있다. 그런 사람은 완전 별로다. 어쩌면 내가 그에게 뭔가 잘못했는지 모른다. 하지만 그러거나 말거나…. 문제가 있으면 대놓고 말을 하든지….

사람이 좋다. 인연을 소중히 여기는 사람이 좋다. 나도 그들과의 인연을 소중히 여긴다. 세월이 흘러 서로가 어디에 살든지 생각나고 보고 싶어져 찾게 되는 그런 관계가 좋다. 물론 그것은 아무나, 또는 억지로 맺을 수 있는 관계는 아니다. 그런데 아예 처음부터 스쳐 지나갈 뿐인 인연이라는 느낌이 드는 사람이 있다. 그런 사람 별로다. 더구나 물리적 환경적 이유로 가깝게 지내는데도 늘 건조한 사람이 있다. 그런 사람은 더 별로다. 사람은 붙임성도 좀 있고 정을 나눌 줄도 알아야 한다. 어쩌면 내가 인연을 맺고 싶지 않을 만큼 못되게 굴었을 수 있다. 하지만 그러거나 말거나…. 불만이 있으면 대놓고 말을 하든지….

사람은 똑같지 않다. 숲길을 걸으면서 행복해하는 사람

이 있는가 하면 걷는 것을 지독히 싫어하는 사람도 있다. 내가 좋아하는 것이 누구에게나 다 좋을 리 없다. 그렇다면 내 기준으로 뭔가를 강제하는 것은 기본적으로 바람직하지 않다. 그래서 '그러거나 말거나' 하는 마음을 갖는 것도 나쁘지 않다. 때에 따라 서로의 차이를 줄이려는 대화는 시도해 볼 만하지만 그 이상은 아니다. 물론 '그러거나 말거나'가 얼핏 체념으로 비칠 수 있다. 하지만 너와 나를 위한 나름의 배려일 수 있고, 기다림이 섞인 희망이기도 하다.

"마음으로 자신을 단죄하지 않고 희망을 포기하지 않는 이는 행복하다."(집회 14,2)

밥상

    2년째 한 주에 한 번 정도 출근하는 '명예 직원'이 있다. 사무실에서 점심 밥상을 차려 먹다 보니 아무래도 엄마의 손길 같은 부분이 필요했는데 때마침 분위기에 딱 맞는 고급 인력 봉사자가 혜성처럼 나타났다. 자매님은 위생과 상차림 등 주방 살림에 도움을 주시는데 넘치지 않는 균형 감각과 톡톡 튀는 밝은 에너지를 갖고 계셔서 금방 사무실 식구들의 엄마이자 친구가 되었다. 그래서 무급 봉사자인데도 감히 우리는 이렇게 인사한다. "오늘은 출근이 많이 늦으셨네요?"

    최근에 '명예 직원'과 대화를 나누다가 올해로 87세 되신울 어머니에 대해 이야기를 꺼냈다. 연로하시다 보니 아무래도 허리와 무릎이 편치 않아 이제 더 이상 스스로 밥상을 차려 드시기 어려워지셨다는 이야기, 그래서 가족들이 한데 모여 노인 요양원에 모셔야 할지를 고민했다는 이야기, 막내인 나는 어머니가 요양원에서 지내는 것도 나쁘지 않겠다고 말했는데 큰 매형이 아직은 아닌 것 같으니 일단 식사 도우미를 쓰자고 해서 그렇게 결정했다는 이야기, 친자식인 나는 요양원에 모시자고 말했는데 오히려 매형이 만류하는 바람에 괜히 나만 나쁜 놈이 된 것 같은 기분이 들었다는 이야기까지 했다. 그러자 일주일에 한 번씩 어머니 밥상을 차려 드리지 않으면 '명예 직원'은 출근을 멈추겠다고 고마운 협박(?)을 하셨다. 사실 어머니가 가까이에 계시는데도 한 달에 한 번 찾아뵙고 용돈을 드리는 것이 전부였다. 이런 식이면 살아생전에 몇 번을 더 뵐 수 있을지 모를 일이었다. 가족이 아닌 사람들을 위해서 무급으로 주 1회씩 밥상을 차려 주는 봉사자도 있는데 정작 나는 어머니한테 그러지 못하고 있었다. 그래서 협박에 못 이기는 척하면서 합의(?)했다. 그 이후로 매주 한 번씩 불고기를 사다가 뚝딱 밥상을 차려 어머니와 식사를 함께하고 있다. 차려 주는 밥상을 받아먹다가 역할이 뒤바뀐 상황이 서글퍼 처음에는 울컥하기도 했다. 어머니가 이다음에 하늘나라로 가시면 밥상을 차려 드리기 시작한 일로 인해 눈물을 덜 흘릴지 더 흘리게 될지 궁금하다. 청국장을 먹을 때마다 돌아가신 아버지가 생각나는데 아마도 먼 훗날 불고기를 먹을 때마다 어머니가 떠오를 것 같다.

어머니를 포함해 모든 이들이 지난 세월 당연한 것처럼 밥상을 차려 주었다. 막상 직접 밥상을 차려 보니 나 또한 당연한 일로 여겨졌다. 원래 세상에 당연한 것은 없는 법이다. 그런데도 당연하게 느껴지는 이유는 하나다. 밥상을 차려 주는 마음이 사랑이었다.

"구두쇠는 음식을 아까워하여 그의 밥상에는 음식이 모자란다.

네가 죽기 전에 친구에게 잘해 주고

힘닿는 대로 그에게 관대하게 베풀어라."(집회 14,10.13)

쥐

서너 달 전쯤 밤잠을 자다가 종아리에 쥐가 나서 한참 주물렀었다. 그런데 아마도 그때 풀려난 쥐가 사무실로 들어왔나 보다!? 그 무렵부터 사무실 창고에서 고구마 따위를 갉아먹은 흔적, 주방 가구를 갉아 놓은 흔적이 보이기 시작했다. 그러더니 대낮에 창고 쪽에서 벽을 긁는 소리가 들렸다. 예전에는 바깥 하수구 집수정 근처에서 출몰했었는데 이제 사무실 안쪽까지 영역을 확장한 것 같다. 그래서 부랴부랴 쥐 잡는 끈끈이를 놓아 한 마리를 잡았는데 그것이 소득⁽?⁾의 전부였다. 꽤 여러 마리인 듯한데 더 이상은 소득이 없었다. 최근에는 하수구 집수정 뚜껑 옆 틈새로 기어 나오던 녀석과 눈이 마주쳤는데 전혀 두려워하는 눈빛이 아니었다. 나오지 못하도록 틈새를 돌로 막고 있는데도 도망가기는커녕 '내가 뭘 어쨌다고, 대체 왜 나를 괴롭혀?' 뭐 이런 표정 내지는 눈빛이었다. 정말 어이가 없었다. 창고에 얼씬거리는 것까지는 그냥 애교로 봐주고 자비를 베풀 만했다. 그런데 온갖 더러운 곳을 드나들던 녀석들이 내가 밥을 먹는 주방 곳곳을 누비고 다닌다는 사실은 도저히 받아들일 수 없었다. 가뜩이나 얄팍한 나의 인내는 거기까지였다.

녀석들의 주된 출몰 장소인 사무실 실내 창고에 놓인 모든 가구를 다 꺼내고 쥐구멍을 찾아봤다. 그런데 쥐똥이 군데군데 있을 뿐 출입구는 찾지 못했다. 그런데 며칠 전 쥐가 벌건 대낮에 사람들이 드나드는 주 출입구를 통해서 버젓이 들어오더란다. 마치 우리와 한 식구인 것처럼 자연스럽고 당당했단다. 동거를 허락해 준 기억이 없는 나로서는 갈수록 대범해지는 녀석들의 무례함에 당혹스럽기까지 했다. 그래서 사무실 주 출입구 아래쪽 손톱만 한 빈틈까지 모두 막아 버렸다. 이미 사무실 안쪽에 있는 녀석들은 어떻게든 잡아야 하겠지만 일단 주 출입구를 봉쇄하고 나니 약간은 안심이 되었다. 게다가 출입문 아래쪽에 쥐 출입을 금한다는 친절한 문구까지 써서 붙였다. '들어와~ 죽을 쥐 몰라~ 💣' 한글을 읽을 줄 아는 똑똑한 쥐가 있을지 모르겠으나 분명히 나는 경고했다. 그랬으니 그 이후 쥐의 죽음에 대해서는 양심의 가책을 느끼지 않을 작정이다. 물론 그냥 이대로 쥐 죽은 듯 조용히만 지내 준다면 나도 더 이상 잔인한 일에 개입하고 싶지는 않다.

자비롭지 않고 싶은 사람은 없다. 그런데 어쩔 수 없다. 인내는 늘 한계가 있다. 잃은 양 한 마리까지 품어 주는 것이 신앙인의 마음이어야 하지만 그것도 어느 정도까지다. 도저히 참을 수 없을 만큼 인내하기 어렵다면 다시 생각해야 한다. 일단 내가 살고, 내가 바로 서 있어야 자비도 있다.

"인간의 자비는 제 이웃에게 미치지만

주님의 자비는 모든 생명체에 미친다."(집회 18,13)

친구

교구장 주교님이 본당 사목 방문을 가시면 사목국장 신부 세 명이 동행하면서 마지막 일정인 미사까지 함께한다. 그런데 주교님은 사목 방문 미사 때마다 '평화의 인사'를 나누는 시간에 제단 위에 있는 신부와 복사를 가볍게 안아 주신다. 그렇게 인사를 나누는 모습이 보기에 좋은지 신자들은 흐뭇한 미소를 지으며 행복해한다. 특히 복사를 안아 주실 때는 더 밝고 환한 미소를 짓는다. 그런데 환한 미소 정도가 아니라 웃음으로 번진 일이 있었다. 주교님이 사제들을 일일이 안아 주신 다음 어린이 복사를 안아 주셨는데 주교님께 안긴 어린이가 고사리 같은 손으로 주교님을 토닥토닥해 주고 있었다. 세상에나! 얼마나 귀엽고 깜찍하던지! 새어 나오는 웃음을 참을 수 없었다. 오래 간직할 만한 명장면이었다. 그 장면을 목격한 많은 분이 웃었다. 주교님도 살짝 웃어넘기셨는데 잔상이 남으셨는지 바로 이어 미사 경문을 읽으면서 애써 웃음을 참으시는 것처럼 보였다. 사목 방문 때마다 매번 안기면서도 나는 감히 주교님을 토닥토닥해 드릴 생각을 한 적이 없다. 아마 앞으로도 그런 일은 없을 것이다. 그런데 역시 어린이는 달랐다. 누가 감히 그 어린이에게 무례하다고 할 수 있겠는가! 그 순간 그 어린이야말로 주교님의 최고 친구였다.

나이가 들면서 친구의 개념이 달라졌다. 예전에는 같은 또래만 친구였는데 지금은 그렇지 않다. 나이가 한참 어린 친구도 있고, 나보다 나이가 한참 많은 친구도 있다. 그리고 같은 신부나 남성만 친구라고 생각하지도 않는다. 불편함 없이 소통할 수 있으면 친구다. 언제 만나도 좋고, 배울 게 있는 사람이 친구다. 스트레스를 받았을 때 말을 마구 쏟아 내도 괜찮고, 무조건 거의 내 편이 되어 주는 사람이 친구다. 밥을 사든 술을 사든 연거푸 내가 돈을 쓰더라도 아깝지 않고, 계속 얻어먹기만 해도 미안한 마음이 들지 않는 사람이 친구다. 부담 없이 시간을 내어 달라 부탁할 수 있는 사람이 친구다. 그런 친구는 억지로 만들어지지 않으며, 그 어떤 귀한 선물보다 값지다.

친구는 마술사다. 나를 웃게 하고, 내가 견딜 수 있게 해 준다. 내가 처한 상황은 변한 것이 없는데 그들은 뭔가를 가볍게 해 준다. 친구는 동반자다. 자칫 외롭고 버거울 수 있는 것이 인생인데 내 등을 토닥거려 주는 것 같은 모습으로 나와 함께해 준다. 친구는 예수다. 신(神)은 눈에 보이지 않는데 예수는 매력적이게도 눈에 보이는 인간으로 오셨다. 나는 친구들을 통해서 살아 있는 오늘의 예수를 만난다. 친구가 예수다.

"성실한 친구는 값으로 따질 수 없으니 어떤 저울로도 그의 가치를 달 수 없다."(집회 6,15)

먼저 물어봐 줘야 한다

 '세상에 나쁜 개는 없다', 'TV 동물농장 개과천선', '개는 훌륭하다'와 같은 TV 프로그램은 참 흥미롭다. 반려동물 행동 교정 전문가가 가정을 직접 방문해 문제견의 행동을 관찰한 후, 원인 분석과 적절한 반복 훈련을 통해 문제 행동을 교정하는 내용이다. 주인을 끌고 다니면서 산책하는 개, 집에 홀로 남겨지는 것을 견디지 못하고 계속 울부짖는 개, 목줄 착용을 완강히 거부하면서 주인을 위협하는 개, 주인이나 사람들에게 날카로운 이빨을 드러내면서 폭력성을 보이는 개 등등, 다양한 문제 행동들이 나온다. 전문가는 간식을 보상으로 주면서 반복적으로 개를 훈련한다. 그러다가 주인에게도 같은 방식으로 실습하게 한다. 그러면 신기하고 놀라울 정도로 문제 행동이 조금씩 줄어들고 고쳐진다. 얼핏 보면 개를 훈련해서 문제 행동을 고치는 것처럼 보이지만 정작은 주인이 개를 어떻게 길들여야 하는지를 가르쳐 준다. 문제 행동을 보인 개는 주인이 보내는 잘못된 신호를 계속 받고 있었다. 문제 행동 교정 대상은 사실상 개가 아니라 사람이었다.

'사람은 고쳐 쓰는 게 아니다.'라는 말을 최근에 들었다. 사람은 쉽게 변하지 않는다는 것을 누차 경험했기 때문에 그 말에 깊이 공감한다. 하지만 그 말을 전적으로 받아들이지는 않는다. 적절한 교육을 통해서 사람은 변화하고 성장할 수 있다고 믿는다. 그렇긴 한데 일반적으로 상대방을 고치려는 노력은 허사가 되기 일쑤다. 적어도 상대방에 대해서는 있는 그대로를 그냥 인정하는 게 차라리 쉽다. 반면 나 자신을 고치려는 노력은 언제나 필요하다. 그래서 나는 만나는 사람들에게 자주 묻곤 한다. "나의 문제점은 뭐라고 생각하니?" 대체로 사람들은 그런 말에 답하기를 꺼린다. 특히 무게감 있는 자리에 있거나 나이가 든 사람에게는 누구도 선뜻 쓴소리를 하지 못한다. 그럼에도 편하게 말해 주면 좋겠다고 계속 청하면 조심스럽게 지적해 주는 사람들이 더러 있다. 진짜로 고마운 친구들이다. 사실 본인의 단점에 대해 듣는 것이 즐거운 일은 아니다. 어쩌면 그래서 더 들어야 하고, 그러기 때문에 먼저 물어봐야 한다.

다듬을 필요가 없을 만큼 완벽한 사람은 없다. 알면서도 단점을 고치지 못하는가 하면, 안타깝게도 본인만 단점을 모르는 경우가 있다. 단점은 스스로 찾는 것도 좋은데, 이웃이 내 귀에 대고 하는 말을 직접 듣는 게 더 좋다. 자극을 받기 때문이다. 단점을 고치는 데 자극만 한 것이 없다. 그러니 먼저 물어봐야 한다.

"쇠는 쇠에 대고 갈아야 날이 서고

사람은 이웃과 비비대며 살아야 다듬어진다." (공동번역 성서 잠언 27,17)

사람은 스토리(story) 모음집이다

　　오정동 대전가톨릭사회복지회 건물은 대전교구 사회사목 25년의 산실(産室)이다. 이곳에서 시작해 독립을 해서 나간 시설만 해도 어림잡아 10개가 넘을 만큼 많은 스토리를 담고 있는 값진 건물이다. 그런데 앞집 생선 가게 비린내는 연중무휴이고, 과일 가게가 즐비한 동네 골목은 딱 복잡한 시장 장터다. 건물 각 층 천정은 누수(漏水) 선생이 그린 지도들이 영토 확장 중이고, 지하 경당은 온통 곰팡이들 세상이다. 게다가 마당은 주차 전쟁이 일상이다. 이제는 마침표를 찍을 때가 됐다고 판단했다. 그래서 조용히, 하지만 꼼꼼히, 2년 넘게 매물을 알아보던 중, 연축동에 신축된 3

층 건물이 포착됐다. 살짝 외곽 변두리지만 새 건물이고 기존 오정동보다 땅이 2.5배나 넓고, 계족산이 바라보이는 탁 트인 환경이라 마음에 쏙 들었다. 처음에는 엄두가 나지 않았는데 3/4 수준으로 매매가가 낮아졌고, 땅값이 제법 비싼 기존 건물을 매각하면 그럭저럭 감당할 만했다. 그래서 나는 결국 일을 저질렀다.

건물 내부 공사로 요즘 한창 바쁘다. 공간 배치부터 마감재 선택까지 결정할 일이 한두 개가 아니다. 그럼에도 새롭게 둥지를 틀 생각에 행복하다. 동창 백 신부에게 경당 십자가는 어찌할지 고민된다고 했더니 대뜸 자기가 100만 원 낼 테니까 나한테도 100만 원을 내란다. 그러면 작품 활동하는 작가님을 소개해 주겠다고 했다. 그래서 당장 수락했는데 뭐가 거꾸로 된 것 같았다. '돈 달라는 말은 오히려 내가 해야 마땅한 것 아닌가?' 때때로 감동 스토리를 더해 주는 좋은 친구다. 며칠 후, 용인에서 내려온 작가를 연축동 리모델링 현장에서 백 신부와 함께 만났다. 태블릿 PC를 보면서 2시간 넘게 작가의 작품 세계를 감상했고, 그러면서 대전교구 몇몇 신부를 잘 알고 지낸다는 말도 들었다. 때마침 안

모 신부가 와서 소개해 줬더니 작가가 놀라며 말했다. "우와 ~ 대전교구에 이렇게 잘생긴 신부님이 계셨네요?" 그 말에 당사자는 당연히 좋아했다. 하지만 나머지 신부들은 가만히 앉아서 졸지에 의문의 1패를 당했다. 기분이 별로여야 할 상황인데 생각할수록 웃음이 자꾸 솟구쳤다. 재미있는 스토리 하나 추가다.

건물은 스토리와 별로 상관없이 딱 돈으로 값어치가 매겨진다. 그러나 사람의 가치는 다르다. 돈으로 평가하기도 하지만 스토리가 차지하는 몫이 크다. 사람은 어떤 이야깃거리를 담아내며 사는지가 관건일 수 있다. 그래서 뭘 좀 아는 사람은 감동 스토리를 더하면서 산다. 사람은 스토리 모음집이다.

"하늘은 하느님의 영광을 이야기하고

창공은 그분 손의 솜씨를 알리네."(시편 19,2)

나눔은 흔적을 남긴다

○○외과 김 원장님은 몇 년 전 내 *꼬를 바로잡아 주신, 생명의 은인 같은 분이다. 그분 덕분에 달라진 삶의 질을 생각하면 수술비의 10배도 드릴 수 있다. 그런데 한 푼도 받지 않으셨다. 심지어 아물 때까지 아픔을 견뎌야 하는 것은 환자의 몫인데도 본인의 아픔처럼 여기셨다. 대충 봐도 선한 인상이셨는데 수줍어할 때의 표정이 압권이다. 그 표정 속 맑음은 신적 영역의 눈부심과도 같아 나의 죄와 부족함을 자동 성찰하게 만든다. 그분은 농담을 즐겨하는, 술친구로 딱 맞는, 마음 좋은 형이다. 그분의 아내 이 스텔라 자매님도 어쩌면 그렇게 닮은꼴인지 정말 사랑스러운 부부

다. 그분들이 지금까지 봉사하면서 자비(自費)로 영양 수액을 놓아 준 분만 무려 만 명이 넘을 정도니 더 이상 설명이 필요 없는 선한 분들이다.

지난달 후원회 소식지를 읽은 이 스텔라 자매님이 경당 십자가를 봉헌하고 싶다면서 연락을 주셨다. 그래서 기꺼이 허락(?)해 드렸고, 백 신부와 내 봉헌 지향은 성모상 뒷배경으로 심을 소나무로 바꿨다. 그리고 나서 적당한 나무를 물색하러 묘목 농원이 즐비한 충북 이원으로 갔다. 싸고 좋은 나무를 고르려고 여기저기 둘러보았는데 쉬운 일이 아니었다. 못생긴 놈들은 농장에 널렸는데 눈에 들어오지 않았고, 잘생긴 놈들은 부르는 게 값이었다. 특히 소나무는 깜짝깜짝 놀랄 만한 가격이었다. 좀 괜찮다 싶으면 천만 원 이상이고, 그나마 저렴한 놈이 몇 백이었다. "우와~!" 돌아다니는 내내 나무 값에 감탄을 연발했다. 내부 건축할 때와 마찬가지로 과하지도 모자라지도 않은 적정선을 찾아야 했다. 사회 복지 영역의 돈은 가급적 사람을 돕는 일에 직접 흘러가야 한다는 내 원칙을 지키면서도 조금은 잘생긴 놈으로 욕심을 냈다. 애써 고른 나무들을 옮겨 심고 보니 다행스럽게도 건물과 공간을 살려 주면서 저마다 비용 그 이상의 역할을 해 주었다. 이 스텔라 자매님 말고도 친누나 젬마를 비롯하여 여러 개인과 시설에서 관심을 갖고 정성을 모아 주셨는데 미안하고, 고맙고, 감동이었다.

돈이라는 것은 참 신기하다. 기쁜 마음으로 큰돈을 내놓을 수 있는가 하면, 작은 돈조차 내놓기 아까울 때가 있다. 그리고 큰돈을 받으면서도 마음이 건조할 때가 있는가 하면, 작은 돈이어도 감동을 받는 경우가 있다. 돈은 절대적이지 않다. 아니, 확실히 돈은 상대적이다. 그래서 기부에는 비법이 있다. 순수한 마음에서 우러나오는 자발적 기부가 최고다. 또한 콕 집어 명확한 지향을 갖는 것이 좋다. 나눔은 흔적을 남긴다. 특히 자발적이고 기쁜 마음으로 할 때 나눔은 행복을 남긴다.

"나누어 주는 사람이면 순수한 마음으로,

자비를 베푸는 사람이면 기쁜 마음으로 해야 합니다."(로마 12,8)

주사파(週四派) 주교?!

한 주간 동안 '성모의집' 30주년 감사 미사, 세계 가난한 이의 날 가정 방문, 김장 행사, 사회사목국 감사 미사 등 무려 네 차례의 행사가 있었다. 그리고 그때마다 교구장이신 유 라자로 주교님이 동반해 주셨다. 어려운 이웃을 돕는 공동체 행사에, 한 주간 4번의 방문도 마다하지 않고 찾아 주신 주사파(週四派) 주교님이시다. 여차하면 5번이 될 수도 있었는데 그것은 내 차원에서 저지했다. 주중에 있었던 교구청 회의와 홍성 성당 70주년 감사 미사, 본당 사목 방문까지 합하면 한 주간에 무려 일곱 차례 주교님을 모시는 영광(?)을 누렸다. 행사가 많아도 정작 직원들이 고생이지 신부야 한때 잠시 바쁘면 그만이다. 그런데 주교님은 공식 일정이 거의 매주 이런 식이니 참 대단한 열정의 소유자시다. 주교는 아무나 하는 게 아니다.

전례력으로 새해를 맞이하는 날, 하느님께서 대전교구에 또 한 분의 주교를 허락하셨다. 개인적으로는 1년 후배인 한 스테파노 신부가 주교가 됐다. 물론 그분과의 관계에서 더 이상 선후배라는 말은 의미가 없어져 버렸다. 이제 그냥 주교님이시다. 주교가 될 줄 진즉 알았더라면 지난번 사제평의회 끝나고 같은 식탁에서 식사할 때 장난을 적당히 칠 걸 그랬다. 아닌가? 너무 티 나게 깍듯하면 더 불편하겠지?! 아무튼 바야흐로 대전교구는 또 한 분의 주교를 보유한(?) 교구가 되었다. 기쁜 일이 아닐 수 없다. 마땅히 축하해야 할 경사로운 일이다. 그런데 마냥 축하하는 마음만 들지 않고 안쓰러운 생각이 앞선다. 왜냐하면 주교 직무가 얼마나 고된지 유 주교님, 김 주교님을 나름 오랫동안 지켜보면서 깨달았기 때문이다. 하지만 어쩔 수 없다. 주사위는 이미 던져졌다. 하느님께서 주시는 은총의 힘으로 어려운 주교 직무를 기쁘고 행복하게 수행하시길….

주사파(主思派)라는 말의 사전적 의미는 북한의 주체사상을 지도 이념으로 삼은 남한의 반체제 운동 세력이다. 그런 세력이 실제로 있다면 반체제 운동 세력이 맞다. 그런데 북한과 소통하면서 이 땅에 평화를 정착시키고자 하는 사람들에게 주사파 프레임을 씌우려는 사람들이 여전히 있다. 그들이야말로 반체제 세력이다. 아무튼 나는 주사파(主思派)는 싫다. 하지만 주사파(週四派)는 좋다. 한 스테파노 주교님도 교회와 교구를 위해서, 특히 어려운 이웃을 위한 일에, 일주일에 네 번도 마다하지 않고 현장을 찾는 주사파(週四派) 주교님이 되어 주시길 기도한다.

"하느님은 당신 호의에 따라 여러분 안에서 활동하시어, 의지를 일으키시고 그것을 실천하게도 하시는 분이십니다."(필리 2,13)

욕심을 내려놓아야 차선책이 보인다

진잠 성당 주임 임기가 끝나면 안식년을 하려고 했다. 그런데 임기 5년을 채우지 못하고 3년 만에 교구청 사회사목국장으로 부임하면서 잠시 꿈을 접어 두어야 했다. 한 살이라도 젊을 때 안식년을 하고 싶었는데…. 아뿔싸! 전임지에서 임기를 다 채우지 못해서 그랬는지 국장으로 7년이나 살았다. 아니, 하마터면 그 이상 갈 뻔도 했으니 그나마 다행이다. 물론 사회 복지 일은 보람되고 행복했다. 하지만 이래저래 소진되었기 때문에 개인뿐 아니라 공동체를 위해서도 변화가 필요한 시점이라 생각했다. 그래서 안식년에 대한 갈망을 주교님께 간곡히 말씀드렸다. 허락해 주시지 않는다면 생떼라도 부릴 심산이었다. 그래서였을까? 허락해 주시는 쪽으로 가닥을 잡아 주셨다.

그렇게 가닥이 잡히자, 나는 거주할 곳을 마련하는 일에 박차를 가하기 시작했다. 제주도의 경우, 1년 지내는 데 주거비로만 약 2천만 원가량 든다는 말을 듣고 깜짝 놀랐다. 그러나 돈이 많아서가 아니라 나 자신을 돌볼 시간을 위해 돈에 연연하지는 않기로 마음먹었다. 그리고 어디서 지내든 비용이 얼마가 들든지, 교회 기관에 얹혀살지 않으면서 자유를 만끽하기로 작정했다. 산책하기 좋은 환경, 사람이나 도시 소음의 영향을 덜 받는 곳, 대전에 계신 어머니를 종종 찾아뵐 수 있는 위치, 때로는 마당에서 고기도 구워 먹을 수 있고, 바다도 가까워 낚시도 즐길 수 있는 곳이라면 정말 좋을 것 같았다. 하지만 야무진 꿈이었다. 그런 조건들을 만족시킬 만한 집을 찾기란 엄청난 재력가가 아닌 이상 쉽지 않았다. 여러 조건을 포기한 뒤에야 결국 가닥이 잡히면서 전북 군산의 어느 17평 원룸형 아파트를 구했다. 아파트 매매가가 2천만 원이라고 해서 돈을 융통하여 아예 매입을 해 버렸다. 참 웃기는 세상이다. 아파트값이 천정부지로 올라 젊은이들 기가 팍팍 죽고 있는데 대한민국 어디에는 2020년도에 2천만 원짜리 아파트가 있다. 내내 같은 집인데 도대체 100배 정도의 차이가 나는 이유는 뭘까?

머무를 곳을 찾는 과정에서 뜻밖에 많은 공부를 했다. 교회로부터 얼마나 많은 것을 거저 받아 누리면서 지냈는지, 주거 공간 마련부터 시작해 사람들이 세상살이에서 얼마나 많이 부대끼면서 사는지 말이다. 무엇보다 큰 깨달음은 바로 욕심을 내려놓아야 차선책이 보인다는 것이다.

> "장차 네가 하도록 결정되어 있는 모든 일에 관하여 거기에서 누가 너에게 일러 줄 것이다."(사도 22,10)

뜸

안식년 때 머무를 곳을 알아보기 위해 인터넷으로 제주는 물론이고, 서해, 남해, 동해, 내륙 쪽 다 쓰러져 가는 시골 촌집까지 나름 샅샅이 알아봤다. 게다가 전세, 월세, 심지어 빚질 각오로 매매까지도 알아봤다. 혹시나 해서 전화도 여러 번 해 보고, 한때 유력 후보지였던 남해를 답사하기도 했다. 그런데 영 마땅치 않았다. 처음에 욕심냈던 몇몇 선택 조건을 포기한다는 가정을 해도 답이 나오지 않았다. 일단 비용이 문제였고, 비용은 차치하더라도 뭔가 마음이 확 끌리거나 확신이 서는 곳이 없었다. 그러다가 우연히 군산 아파트가 눈에 들어왔다. 매매가 2천만 원! 상식적으로 말도 안 되는 가격이라 사기인 줄 알고 그냥 지나쳤었다. 그러다가 도저히 해결책이 없어서 밑져야 본전이라는 마음으로 부동산에 전화를 걸어보고, 지인 한 사람과 함께 바로 군산으로 달려가 매물을 직접 둘러봤다. 건축한 지 20년 된 14층짜리 단독 아파트의 13층 남향 매물이었다. 베란다 앞쪽이 확 트여 가까이 낮은 산이 보였고, 멀리 바닷가 쪽으로는 때마침 석양이 아름다운 빛깔로 나에게 어서 오라 손짓했다. 더 이상 망설일 이유가 없었다. 부동산으로 건너가 바로 계약서를 썼다. 알아보는 과정에서 이미 뜸은 충분히 들였기 때문에 확신이 차오름을 느꼈다. 그래서 바로 일을 저질렀다. 그리고 얼마 후 등기 권리증이 나왔다. 바야흐로 나는 본의 아니게 아파트 소유자가 됐다.

변 신부한테 너는 나이가 40이 넘도록 집 장만도 못하고 여태 뭐하면서 살았냐고 핀잔주듯이 농담을 건넸더니, 자기 차를 팔면 이런 아파트 두 채를 사고도 남는다고 되받아쳤다. 딱히 틀린 말이 아니라 말문이 막혔다. 하지만 동산과 부동산의 차이는 엄연히 존재한다. 동산인 자동차는 앞으로 10년쯤 지나면 *값이 되겠지만 부동산인 아파트는 설령 집

값이 폭락하는 시점이 오더라도 그 값보다 더 내려갈 수는 없지 않을까! 돈 있는 사람들이 부동산에 투자하는 이유를 알게 된 것 같았다. 물론 나는 투자와는 전혀 상관이 없다. 그저 1년 동안 살 집이 필요했을 뿐이다. 나중에도 계속 소유할지는 모르겠으나 일련의 과정을 통해서 새로운 경험을 할 수 있어서 흥미로웠다.

배가 고파 죽을 지경이 아니라면 뜸 들인 후에 밥뚜껑을 여는 편이 낫다. 하물며 한 끼 밥 차원이 아니라 인생에서 중요한 결정을 내릴 때라면 뜸은 필수다. 뜸은 단순히 시간을 죽이는 일이 아니라 내 결정이 맛있어지는 과정이다. 사안이 클수록 뜸을 들여야 하고, 확신이 드는 순간 움직여야 한다.

"주님의 구원을 잠자코 기다림이 좋다네." (애가 3,26)

혼자가 아니다

거점이 군산으로 정해졌다. 이제 얼마만큼 뜯고 치고 꾸밀지를 결정해야 했다. 지은 지 20년 된 집이라 화장실과 싱크대 등 정말 모든 것이 지저분하고 더러웠다. 그래서 머물고 싶은 마음이 들 만큼 깨끗하게 탈바꿈시켜 달라고 주문했다. 사실상 베란다 쪽 창호를 제외한 전면적인 보수 작업이었다. 그러는 사이에 나는 공간을 채울 가구와 가전 등을 골라 놓아야 했다. 지난 세월, 부임할 때마다 수어진 대로, 굳이 뭘 더하거나 빼지 않고, 그저 살다가 떠나곤 했다. 그런데 놀랍게도 이제 내 취향을 살릴 기회가 왔다. 인터넷을 폭풍 검색하면서 단순하고 편안한 느낌의 제품들로 골랐다. 대체로 저렴한 것들이지만 공간을 내 스타일대로 꾸미는 작업은 나름 신나는 일이었다. 대전에서 군산까지 거리가 꽤 있어서 그 모든 일을 직접 다니면서 할 수는 없었다. 그래서 거의 모든 일을 원격으로 해야 했고, 배송을 신청한 후 현관 비밀번호를 알려 주고 전달받는 방식으로 진행했다.

굵직한 준비는 미리 했으나 막상 직접 살면서 보니 추가로 장만해야 할 것들도 적지 않았다. 더구나 밥을 해 먹고 살아야 하니 장 보러 갈 일이 많았다. 빨래와 청소는 가끔 해도 되고, 좀 더 미뤘다 해도 그만이었지만 음식 해 먹는 일은 미룰 수 있는 사안이 아니었다. 혼자 식당에 가서 사 먹을 생각은 아예 없었기 때문에 안식년의 3분의 1을 '요리 배우기'로 정한 것은 탁월한 선택이었다. 아직은 초반이라 그럴 수 있겠지만 대충 때울 생각은 전혀 하지 않고, 최선을 다해 음식을 해 먹고 있다. 내 손에서 음식이 만들어지는 과정도 재미있는데 심지어 맛있다. 다만 아쉬운 것은 음식 먹는 사람이 혼자라 양 조절이 어렵다. 점점 양을 줄이고는 있는데 일단 조리했다 하면 기본 두세 끼는 연속으로 먹어야 한다. 근데 뭐 어쩔 도리가 없다. 그렇게 하나에서 열까지 스스로 하다 보니, 평소에 보이지 않던 것들이 보이고, 느끼지 못하던 것들을 느끼기 시작했다. 익숙해지면 덜하겠지만 장을 보고 요리하고 밥만 해 먹어도 하루해가 뚝딱 지나간다. 그러고 보니 지난 세월, 맡은 직무에만 집중할 수 있도록 주변 협조자들이 그런 궂은일들은 나 대신 다 해 줬었다. 얼마나 편한 공동체 체계 안에서 보호받으면서 지냈는지 모른다. 이럴 줄 알았다면 고맙다는 말을 좀 더 많이 하면서 지낼걸!

사제는 독신으로 혼자 산다. 그러나 정작 혼자가 아니다. 교회 조직, 공동체가 엄연히 함께하면서 뒷받침한다. 사제뿐 아니라 사람들 대부분은 체계 안에서 관계를 이루면서 살고 있다. 그렇게 혼자가 아닌 것은 감사한 일이다.

"나는 혼자가 아니다. 아버지께서 나와 함께 계시다."(요한 16,32)

민폐 인간

    선물 보낼 때를 제외하고, 내가 필요한 물품을 인터넷으로 주문한 적은 거의 없다. 테이프로 칭칭 감긴 포장 상자를 받는 게 싫었다. 아니, 정작 필요한 물건보다 부피가 더 많이 나가는, 분리하기 어려운 쓰레기가 덤으로 따라오는 것이 싫었다. 그런데 군산 집을 꾸미는 과정에서는 대전에서 진행했기 때문에 달리 선택의 여지가 없었다. 거리 극복 차원에서 어쩔 수 없이 인터넷 주문 방식으로 했는데, 역시나 쓰레기가 넘쳐 나서 마음이 내내 불편했다. 그나마 재활용될 수 있는 쓰레기는 꼼꼼히 분리했지만 그럴 수 없는 것들도 많았다. 물론 다른 방식으로 구했더라도 크게 다르지 않앉을 수 있다. 하지만 인터넷 구매 방식이 불필요한 쓰레기가 더 많이 나오는 것은 확실했다.

요즘 나는 장바구니를 들고 다니며 장을 본다. 그리고 불필요한 포장 가방 등은 공짜로 줘도 사양한다. 도대체 혼자 사는데도 뭔 놈의 쓰레기가 그렇게 끊임없이 쏟아져 나오는지 모르겠다. 외출할 때마다 음식물 쓰레기를 비롯해 분리해 놓은 각종 쓰레기를 배출하는 것도 성가신 일이다. 하지만 그나마도 하지 않는다면 지구 환경에 민폐라는 생각으로 나름 즐겁게 하고 있다. 인간이라는 존재는 살짝만 꿈틀대도 온갖 쓰레기가 쏟아져 나오는 것 같다. 개인이 이 정도인데, 지구 전체의 하루 쓰레기 양은… 가늠조차 어렵다. 물론 일정량의 쓰레기는 어쩔 수 없는 일이다. 하지만 포장만 단순하게 해도 분리가 쉽고, 과포장만 하지 않아도 쓰레기 양이 현저히 줄 텐데 왜 그런 노력을 덜 하는지 안타까울 따름이다. 심지어 분리 배출을 해도 여러 가지 이유로 전부 재활용되지 않는다고 하니 허탈하다. 분리를 어렵게 하는 중복 포장이나 재질이 뒤섞인 복잡한 포장, 또는 상품 가치를 높이려는 불필요한 과대 포장이 개선되면 얼마나 좋을까? 법적 제도적 장치 마련이 시급해 보인다. 사실 평범한 시민이 할 수 있는 일은 뻔하다. 꼼꼼한 분리 배출, 직접 장보기, 주문 횟수 줄이기 등이다. 지구 환경을 위한 일은 의외로 거창하지 않다. 고작 그 정도가 전부다. 그러나 중요한 일이다.

대부분의 인간 활동은 쓰레기를 동반하기 일쑤고, 지구에는 민폐다. 분리 배출, 착한 구매, 불편 감수 정도가 우리가 할 수 있는 거의 전부다. 하지만 결코 간과할 일이 아니다. 그나마도 하지 않는다면 우리는 지구에 민폐 인간이다.

"너희의 입과 너희의 마음에 있기 때문에,

너희가 그 말씀을 실천할 수 있는 것이다." (신명 30,14)

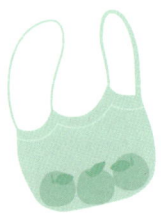

시그널(signal)

몇 해 전 '통풍'(痛風)으로 추정되는 녀석과 친구를 맺었다. 친구 삼기에는 부담스러워 다른 데 가서 알아보라 했으나 녀석은 아랑곳하지 않았다. 그래서 어쩔 수 없이 친구가 됐다. 가능한 한 친구가 되고 싶지 않은데 녀석은 수시로 찾아와 성가시게 했다. 그런데 만남이 잦아지면서 결국 녀석의 약점을 간파하게 됐다. 그래서 만나는 횟수가 줄긴 했는데 녀석도 내 약점을 잘 알기 때문에 어느 틈엔가 훅 들어온다. 내가 녀석을 피하는 방법은 음식 조절뿐이다. 하지만 맛난 음식을 사실상 거의 다 포기해야 할 정도라서 부득이 가끔 녀석을 만날 수밖에…. 맥주나 고등어 따위의 치명적인 것들은 평생 먹지 않아도 괜찮은데 사람이 살면서 고기만큼은 가끔 먹어 줘야 하지 않겠나! 그래서 눈 딱 감고 먹곤 하는데 어떤 때는 여지없이 나타나고, 또 어떤 때는 나타나지 않는다. 나 이거야 원, 알다가도 모르겠다. 그래서 때로는 약 먹으면 되니까 올 테면 오라고, 잠시 놀아 주마고 객기도 부리곤 했다.

안식년 이전에는 워낙 회식이 많았기 때문에 음식 조절이 쉽지 않았다. 그런데 이제 음식을 직접 해 먹으면서 조절하니까 녀석에 대해 좀 더 많이 알게 됐다. 적을 알고 나를 알면 백전백승! 아니다. 그 친구가 들으면 서운해할 말이니 정정한다. 나는 친구에 대해 그저 많은 것을 제대로 알고 싶을 뿐이다!? 암튼 정작 고기보다 고깃 국물이 녀석을 부른다는 중요한 사실을 알아 버렸다. 멸치 우린 물로 음식을 해야 맛있는데 그것은 녀석에게 얼른 오라고 고속도로를 놓아 주는 격이라는 것도 알았다. 음식을 짜게 먹는 것은 녀석에게 심심하니 놀러 오라고 하는 것과 다르지 않다는 것도 알아냈다. 맥주가 아니어도 술을 자주 마시는 것은 녀석과 오래오래 같이 놀자고 소리쳐 부르는 것과 다름 아니라는 사실도 알게 됐다. 잠시라도 방심하면 녀석이 불쑥 나타나곤 하지만 그래도 녀석에 대해 어느 정도 알고 나니 이제 제법 지낼 만하다. 원래 통풍이라는 녀석은, 바람만 스쳐도 아프다 해서 붙여진 이름인데 사실 나는 아직 그 정도까지는 아니다. 아주 가끔은 불쾌할 정도로 아픈데 보통은 손가락 마디라든지, 손목이나 무릎이 뻣뻣하고 불편한 정도가 전부다. 그나저나 녀석은 왜 나를 찾아왔지? 어라? 가만 생각해 보니, 녀석은 나를 해치려는 것이 아니었다. 오히려 과식과 과음을 피하고, 음식을 절제하라고 착한 신호를 보내고 있었다.

몸이 보내는 신호를 잘 읽어야 오래오래 건강하게 살 수 있다. 마찬가지다. 하느님께서 주시는 신호를 잘 읽어 낼 줄 알아야 오래 행복하게, 영원히 살 수 있다.

"주님께서는 선하시고 바르시니 죄인들에게 길을 가르쳐 주신다." (시편 25,8)

기회를 놓치지 말아야 한다

군산에서 지낸 지 아직 두 달도 채 되지 않았는데 중복 방문자를 제외하고도 벌써 40명이 넘는 손님을 맞이했다. 내가 먼저 연락하지 않았는데도 잘 지내는지 궁금해하며 일부러 시간 내서 와 준 고마운 분들이다. 이런 식으로 늘 사랑을 받으면서 살고 있으니 내가 행복하다는 말을 입에 달고 지내는 것도 무리는 아니다. 앞으로 또 얼마나 많은 분들이 방문할지 나도 궁금하다. 아마 이래서 백수가 과로사한다는 말이 나왔나 보다. 안식년 중에는 혼자 외롭게 지내는 시간이 많겠거니 막연하게 생각했었다. 그런데 내 생각이 짧았다. 아예 더 먼 곳에 자리 잡았으면 모를까 여전히 외로울 겨를은 없다. 애써 외롭게 지낼 필요까지는 없는데 사랑하는 사람들이 먼저 연락을 주고 먼 길 찾아와 주니 고마울 따름이다. 그렇게 손님이 오는 날에는 반가워서 말도 많아지고 당연히 시끌벅적하게 지낸다. 하지만 방문자가 없는 날에는 정반대로 하루 종일 말 한마디 하지 않고 지낼 때가 많다.

허리 통증 때문에 고관절 부위를 주먹으로 두드리면서 호수를 산책한 적이 있다. 그런데 내 뒤에서 어떤 아주머니가 계속 누군가를 부르는 소리가 들렸다. 그래서 뒤돌아봤더니 관절이 안 좋으냐면서 어디에 있는 어느 한의원이 용하다고 소개해 주셨다. 아프거나 말거나 그냥 스쳐 지나갈 수도 있는 일인데 아파 본 분이라 딱한 마음이 들었는지 굳이 말을 걸어 주셨다. 그런데 그게 뭐라고 무진장 고마웠다. 마트에서 장을 보다가 감자를 몇 개 골라 담았는데 무게를 달아 주던 점원이 나에게 말을 걸었다. "손이 저울인가 봐요! 어쩜 이렇게 딱 1kg을 담으셨네요?" 말없이 지내면 자연스럽게 기분도 가라앉나 보다. 단지 말 한마디 걸어 주었는데 괜히 기분이 좋아졌다. 공지를 통해 미리 알고 있었는데 아파트 방역 때문에 한 아주머니가 소독기를 매고 방문해 주셨다. 약을 뿌리는 잠깐 사이에 아주머니는 집이 본인 마음에 딱 든다, 돈이 많이 들었을 텐데 그래도 리모델링은 아주 잘된 것 같다, 커피 향도 정말 좋다면서 말씀이 좀 많으셨다. 그런데도 대화가 어찌나 궁했는지 나는 환하게 반기면서 친절하게 맞장구쳤다. "리모델링 다들 마음에 들어 하세요, 생각보다 비용은 저렴했어요. 커피 타 드릴까요?"

목마를 때 물 한 모금의 가치는 값을 매길 수 없다. 추운 사람에게 옷 한 벌도, 배고픈 사람에게 밥 한 끼도, 외로운 사람에게 말 한마디도, 궁한 사람에게는 한 움큼의 돈도 가치를 셈할 수 없다. 절실히 필요로 하는 사람에게 도움을 줄 기회를 놓치지 말아야 한다. 아무것도 아닌 그게 임자를 만나면 구원이다.

"기회가 있는 동안 모든 사람에게,
특히 믿음의 가족들에게 좋은 일을 합시다."(갈라 6,10)

안 본 눈 삽니다

실밥 뽑는 것은 동네 치과에서 해도 된다는 대전 윤 원장님의 말씀대로 군산 시내에 있는 ○○치과에 갔다. 그런데 병원 입구에 코로나 관계로 예약제로 운영한다는 안내문이 있어 전화 통화로 확인했더니 역시나 안 된단다. 근처 다른 치과를 여기저기 알아보다가 겨우 △△치과에 갔다. 토요일 오전인데도 근무해 주셔서 고맙다는 인사를 했더니 간호사가 왠지 더 친절히 대해 주는 것 같아 기분 좋았다. 그런데 상냥한 간호사와는 달리 한참 기다린 끝에 만난 의사는 인상, 표정, 말투까지 불친절했다. 수술 부위 안착이 덜 된 것 같다는 둥, 이첩 의뢰서는 가져왔냐는 둥 하더니,

실밥 뽑는 것 관련해 추후 재수술하게 되더라도 자기네 병원과는 아무런 책임이 없다는 동의서를 받으라고 간호사에게 지시를 내리고 나가 버렸다.

어이가 없어서 헛웃음이 나왔다. 당장 나가고 싶었으나 그때까지 버린 시간도 아깝고, 이때를 놓치면 예정된 일정들이 꼬일 것 같아 성질 죽이고 동의서에 사인을 했다. 잠시 후 의사가 들어와 실밥을 뽑았는데 불과 10초도 걸리지 않았다. 막무가내 환자를 겪어 본 경험이 있어서 그렇게 대응했으려니 이해하고 말았으나 의사의 불친절에 기분은 씁쓸했다. 바로 그때 떠오른 말이 있었다. '안 본 눈, 삽니다!' '안 들은 귀, 삽니다!' 의사의 퉁명스러운 표정을 안 본 눈이었으면 좋겠고, 불친절한 말투를 안 들은 귀였으면 좋을 것 같아서 돈을 들여서라도 그런 눈과 귀를 사고 싶었다. 사실 내가 그 말을 쓸 줄은 몰랐다. 남들이 하는 말을 몇 번 들어 보긴 했지만 흘려 넘겼었는데 상황에 맞았는지 저절로 떠올랐다. 맨 처음 이런 표현을 쓴 사람이 누군지 모른다. 그런데 그 말 한마디로 내 마음을 표현할 수 있다는 것이 인상적이다. 숱한 허접한 다른 신조어들과는 비교할 수 없는 표현이다.

처음으로 듣는 말이 점점 늘고 있다. 세상이 빠르게 변화하니 새로운 언어의 등장은 그럴 수 있다. 그리고 신속한 소통이 필요한 현대인들이 줄임말을 즐겨 쓰는 것도 무리는 아니다. 하지만 좋은 말 두고 신조어가 지나치게 넘쳐 나는 것 같아 안타깝다. 물론 언어의 속성상 억지스러운 대부분의 신조어는 결국 자동 소멸할 것이고, 비교적 참신한 말들만 살아남으리라 믿는다. 도무지 알아들을 수 없는 신조어는 몰라도 그만이다. 소통에 어려움을 약간 겪을 수 있을 뿐 딱 거기까지다. 무분별한 신조어 안 본 눈 삽니다. 안 들은 귀 삽니다. 좋은 말만 듣고, 좋은 것만 보면서 살기에도 인생은 짧다.

"나쁜 것을 물리치고 좋은 것을 선택할 줄 알게 될 때,

그는 엉긴 젖과 꿀을 먹을 것입니다."(이사 7,15)

금연

안식년 중에는 TV를 볼 생각이 없어서 케이블을 굳이 연결하지 않았다. 그런데 간혹 엄청나게 심심할 때는 컴퓨터를 켜고, 유튜브로 드라마 몰아 보기를 했다. 22년 전 부제 때 봤던 드라마 '미스터 큐'가 생각나서 다시 보기를 했다. 세월이 한참 지났고, 기본적인 내용을 다 기억하고 있는데도 여전히 재미있었다. 그런데 과거에는 자연스러웠는데 지금은 경악할 만한 장면들이 눈에 들어왔다. 바로 배우들의 흡연 장면이다. 장소를 가리지 않고 버젓이 흡연하는 장면이 자주 나왔다. 요즘에는 감히 상상할 수 없는 장면이라 약간은 충격적이었다. 불과 20년 전인데 그때는 아무렇지 않게 아무 데서나 흡연했다. 직장이나 회사 건물 안, 식당이나 카페, 심지어 아이들과 함께 있는 자리에서도 버젓이 담배를 피웠고, 그것이 당연하게 받아들여지는 문화였다. 그래서 실내 흡연에 대해 드라마 속 그 누구도 이의를 제기하지 않았다. 그 시대를 살았던 나도 그런 장면을 보면서 믿기지 않을 정도니, 살지 않은 세대에게는 실로 문화 충격일 것 같았다.

역사적으로 항일 만세 운동이 있던 날로부터 95년이 흐른 6월 10일 아침, 나는 담배로부터 자유를 선언하면서 만세를 외쳤다. 담배를 3년 넘게 끊었다가 교구청에서 지낸 7년 동안 다시 벗 삼았었다. 그런데 이제 건강을 챙겨야 할 나이이기도 하고, 안식년을 기념하면서 뭐라도 한 건 하고 싶은 마음에 금연을 결심했다. 금단 현상이 나타나면 거의 중환자가 되기 때문에 쉬운 결정은 아니었다. 하지만 언젠가는 반드시 넘어야 할 산이었다. 아니나 다를까, 극심한 두통과 함께 멀미 같은 증상이 기센 폭풍처럼 밀려왔다. 일주일 정도만 참으면 괜찮아지려니 했는데 어림없었다. 강도가 조금 덜해졌을 뿐 열흘이 지난 지금까지도 계속되고 있다. 그래도 다행히 담배를 피고 싶은 마음은 들지 않았다. 오히려 냄새만 맡아도 토가 나올 것처럼 역겨웠다. 흡연과의 단절은 이루 말할 수 없는 고통을 동반했다. 대혼란을 겪고 난 몸은 차츰 긍정적인 신호를 보내고 있다.

흡연에 익숙해진 몸은 마치 그것이 필요한 것인 줄로 안다. 아주 심각한 오류요 착각이다. 명백한 위험 요소인데도 몸이 흡연에 적응해서 오작동하고 있을 뿐이다. 흡연뿐만이 아니다. 사실 가깝고 친숙하다고 해서 전부 이롭고 유익하지는 않다. 익숙해진 것들 때문에 자칫 망하는 수가 있다.

"고집 센 마음은 마지막에 불행을 겪고
위험을 즐기는 자는 그 위험으로 망하리라."(집회 3,26)

수염 길러 보기

안식년 버킷 리스트(bucket list) 중 하나가 '수염 길러 보기'였다. 영화나 드라마에서 수염이 잘 어울리는 개성 넘치는 캐릭터를 보면서, 그리고 멋지게 수염을 기른 몇몇 신부님들을 보면서 나도 언젠가는 그렇게 해 보고 싶었다. 아침마다 매일 얼굴에 면도날을 대는 것도 귀찮고 싫었다. 안식년이라 출근할 일이 없는데도 습관적으로 여전히 면도하고 있는 자신을 발견하면서 아차 싶었다. 다음 날부터 면도하는 것을 그만두고 수염을 기르기 시작했다. 예전에도 휴가 때 최장 일주일 정도 수염을 기른 적이 있었다. 하지만 그 이상 길러 본 적은 없었기 때문에 과연 잘 어울릴지 궁금했다. 2~3주 정도 길렀더니 제법 모양이 나오기 시작했다. 일단은 면도를 하지 않아서 좋았는데 모양도 나쁘지 않아 나름 만족했다. 그 무렵에 만났던 사람들도 긍정적인 평가를 해 줘서 용기를 내어 계속 길렀다.

수염을 기르기 시작한 지 한 달이 넘자, 음식 먹을 때 입술 주변이 걸리적거리고 불편해지기 시작했다. 전체적으로도 삐죽빼죽 튀어나와 멋은커녕 보는 것만으로도 재수가 없을 지경이었다. 그냥 막 기르면 되는 줄 알았더니 그게 아니었다. 그래서 가위로 다듬기 시작했다. 그런데 이런 젠장, 거울을 보면서 가위질한다는 것이 만만한 일이 아니었다. 면도를 하지 않아서 편했던 시간을 전부 모아 놓은 양과 견줄 만큼 힘들었다. 게다가 수염을 다듬는 일은 이발하는 것보다 훨씬 자주 해 줘야 했다. 계속 기를지 말지 살짝 고민스러워졌다. 더구나 수염을 기른 모습에 어머니는 기겁하셨고, 그 외에도 열 명 중 한두 명은 깔끔한 것이 낫다면서 부정적이었다. 남에게 보이려고 기른 것은 아니었는데 그런 반응이 왠지 신경 쓰였다. 어떻게 할지 고민하다가 바로 방법을 찾아냈다. 관리가 필요할 때쯤 아예 면도를 해 버리는 거다. 그러면 그때까지 면도를 안 해도 되는 편안함도 누리고 애써 다듬지 않아도 되니 일거양득이다. 이거 천재적인⁽?⁾ 발상 아닌가?

그럭저럭 어울리면, 얼굴에 면도날을 대지 않고, 수염을 기르고 싶었다. 그러면 마냥 편할 줄 알았다. 그런데 막연한 생각과는 사뭇 달랐다. 막상 겪어 보니 얼굴에 난 털도 머리카락처럼 지속적인 관리가 필요했다. 그리고 그것을 다듬고 관리하는 수고로움은 면도를 멈춘 편안함과 거의 맞먹는 수준이었다. 막연한 생각과 현실은 달랐다. 역시나 겪어 봐야 제대로 안다. 가끔은 시행착오를 겪으며 직접 깨닫는 것도 좋다. 그러나 사안에 따라 섣부른 판단보다 꼼꼼한 학습이 먼저다.

"겉모습을 보고 판단하지 말고 올바로 판단하여라." (요한 7,24)

가족여행

신부가 되던 1999년부터 가족여행을 다니기 시작했다. 6남매 중 막내인 나를 제외하고 전부가 이미 결혼을 해서 조카들이 9명이나 있었으니 어머니 포함 총 21명, 그야말로 대가족이었다. 매번 전체 가족이 한꺼번에 모일 수는 없어도 일단 여행을 떠나면 열댓 명은 기본이었다. 어려운 가정 형편이었지만 나는 막내여서 고생을 거의 하지 않았고, 이제 부양하는 식솔이 없는 데다 경제력까지 생겼으므로 숙소 선정이며 비용 부담은 늘 내가 자청해서 했다. 고생을 많이 한 형제들에 대한 미안함과 감사하는 마음으로 그렇게 했다. 그리고 고맙게도 막내가 하자고만 하면 다들 잘 따라

주었다. 그렇게 1년에도 몇 차례씩 전국 방방곡곡을 다녔다. 제주도는 물론이고, 어머니를 모시고 가족 전체가 해외까지 다녀올 정도였다. 워낙 남부럽지 않은 형제애였지만 가족여행을 통해서 더 끈끈해지고 많은 행복감을 느꼈다.

그런데 세월이 흐를수록 가족여행의 빈도수가 차츰 줄어들었다. 요인을 따지자면 다양한 이유가 있지만 여행을 추진하는 것을 게을리했던 내 탓이 결정적이었다. 가족들 말고 새로운 사람들과 여행을 다니면서 색다른 즐거움에 빠져 있었던 것 같다. 그러다가 안식년을 맞이하면서 시간적 여유가 생기자 그동안 소홀했다는 자각을 하게 됐다. 그래서 새 다짐으로 여행을 기획했다. 서해, 남해, 동해, 제주도 등 내가 오래 머무는 곳에 가족들도 함께하는 개념으로 준비했다. 모든 여행 가운데 숙소 뷰(view)가 최고였던 남해에 펜션을 예약하고 가족들과 함께했는데 간만에 가슴 뭉클한 느낌이 들 정도로 행복했다. 이어서 제주도 애월에서 5월 한 달을 사는 동안 무려 일주일 이상 가족들과 함께했고, 그 무렵 첫째 조카와 함께 지낸 시간도 인상적이었다. 나는 조카들 또래 직원들과 지금도 잘 어울리는데 정작 친조카들과는 그런 시간을 따로 갖지 못했다는 자성도 했다. 이어서 9월 강릉과 10월 제주에서 여행을 계속 이어 가면서 가족들에게 심리적으로 빚졌던 것을 나름 만회할 수 있었다.

조카들이 아이를 낳으니 막내인 나도 할아버지가 됐다. 부모님 세대를 계속 떠나보내 드리고 있는데 이제 곧 우리 세대 차례다. 삶을 마감하는 순간, 나는 웃으면서 행복했다고 말하려 한다. 반드시 그럴 것이다. 그게 내 신앙 고백이다. 가족여행을 다니면서 행복한 시간을 더 많이 가지려는 것도 어쩌면 그런 이유다.

"나는 여행하면서 많은 것을 보았지만
내가 배운 것을 말로 다 표현할 수는 없다."(집회 34,12)

살림은 억지로 해서
될 일이 아니다

—

      혼자 지내야 하니 집안 살림은 필수다. 직장 생활을 하는 사람이 청소하고 빨래하고 장 보고 요리까지 하자면 부담스러울 것 같다. 하지만 나는 휴직자라 조바심 낼 일 없으니 살림도 문제없다. 깔끔하게 정리 정돈을 하지 않으면 워낙 견디지 못하는 성품이라 청소는 자연스럽다. 세탁기에 넣고 막 빨아도 될 만한 옷들만 입으니 빨래도 어렵지 않다. 그나마 살짝 어려운 종목이 장 보기와 요리인데 그렇다고 문제가 될 정도는 아니다.

    집에 먹을 것을 쌓아 놓으면 뿌듯한 사람도 있겠지만 나는 전혀 아니다. 과일이나 식재료 같은 것들이 넘쳐 나면, 떠밀려서 먹어야 하거나 자칫 버려지는 것들이 생길까 봐 스트레스를 받는다. 그래서 약간 귀찮아도 장을 조금씩만 본다. 그런데 손님들이 찾아오면서 예고도 없이 뭔가를 잔뜩 선물할 때가 더러 있다. 정말 하나도 반갑지 않다. 쌓아 둘 만한 공간이 없어서이기도 하지만 뭔가를 쟁여 두는 것 자체가 싫다. 무엇이든 살림하는 사람이 필요한 만큼 알아서 적당히 사는 것이 최고다. 그래야 그나마 관리가 된다. 아무튼 식재료 관리로 살짝 스트레스를 받을 때가 있긴 하지만, 다행히 요리는 즐겁다. 유튜브를 보면서 학습을 먼저 한 다음 실습을 하는데, 먹는 양이 방송과 달라서 알려 주는 그대로 하지 않고 약간 감각에 의존한다. 처음에는 요리 시간도 길고 힘든 것에 비해 맛은 별로였다. 그런데 불과 몇 개월 지나자 힘들이지 않고 뚝딱 만들었는데도 맛이 있었다. '이상하네? 대충했는데 왜 맛있지?' 이럴 때가 많아졌다. 사실 음식을 만들 때 몇 가지 재료만 다를 뿐 주로 들어가는 식재료는 거기서 거기다. 그것들을 다루는 요령이 생기자 조리 시간은 줄어들고 맛은 나아졌다. 어차피 내가 먹을 음식, 설령 맛이 없어도 아무 문제 없다는 편안한 마음이 맛의 비결일지도 모른다. 부담 없이 즐기는 요리가 제맛을 낸다.

배우자와 자녀가 있다면 다를 수 있겠지만 기본적인 집안 살림은 서너 가지가 전부다. 살림하는 사람은, 살림을 하면서 '살림'이라는 말 그대로 사람을 살게 해야 한다. 그런데 사람을 살리지 못하는 살림을 하는 경우가 있다. 살림이 제대로 되지 않으면 이유를 찾아야 한다. 몸이 아픈지, 일이 너무 벅찬지 살펴야 한다. 살림이 죽임으로 넘어가면 그것은 이미 살림이 아니다. 처한 상황과 사람에 따라 조금씩 다르겠지만 살림은 억지로 해서 될 일이 아니다. 살림은 즐거워야 한다.

"억지로 하지 말고 하느님께서 원하시는 대로 자진해서 하십시오."(1베드 5,2)

취급 주의

　　　시간 낭비를 할 것 같아 TV 케이블을 연결하지 않았다. 하지만 많이 심심할 때를 대비해 보험⑦ 하나쯤은 들어 놓는 것도 좋을 것 같았다. 그래서 노트북에 연결된 컴퓨터 모니터를 통해 유튜브를 볼 수 있도록 했다. 심심하면 영화나 드라마를 보면서 시간을 죽일 작정이었다. 그러던 어느 날, 심심풀이로 드라마를 한 번 봤다가 그 재미에 쏙 빠져 밤이 깊어 가는 줄도 몰랐다. 그 이후로는 심심해서가 아니라 아예 대놓고 드라마 몰아 보기를 했다. 안식년이 아니라면 누릴 수 없는 행복이라 그냥 멈추지 않고 즐겼다. K-드라마가 세계 시장에서 각광받는 이유를 알 수 있었다. 작품들이 치명적인 매력을 갖고 있었다.

  내가 좋아하지 않는 장르는 어쩔 수 없다. 선호하지 않는 배우가 출연해도 어쩔 수 없다. 그 두 가지 경우가 아니라면, 최근 10여 년 내에 나온 드라마들은 재미없는 작품을 찾을 수 없을 정도로 훌륭했다. 전체적으로 작품 수준이 높아졌다. 버튼만 누르면 멋짐, 예쁨, 개성, 귀여움 등을 장착한 배우들이 신들린 것 같은 연기력으로 나를 홀리는데 안 볼 재간이 없었다. 그러니 아예 작정하고 안 본다면 모를까 일단 보기 시작했다 하면 홀랑 빠져들 수밖에 없었다. 혼자 키득키득 웃거나 눈물을 글썽이는 것은 기본이요, 시간 가는 줄 모르는 것은 지극히 정상적인 반응이었다. 웬만한 작품들도 그 정도인데 거기에다 웃음이 저절로 나오는 유머 코드, 참신한 내용과 짜임새 있는 구성, 결말에 대한 끝도 없는 궁금증 유발, 시대의 아픔을 꼬집어 주는 작품성 등이 더해지면 어쩔 줄 모르고 빠져들었다. 그뿐만이 아니다. 아름다운 영상미와 감미로운 음악까지 더해진 작품을 만나면 정신마저 아찔하고 혼미해졌다. 장담컨대 누구라도 거기에서 헤어 나올 수 없다. 혹시라도 빠져나오는 사람이 있다면 그런 사람과는 친해지면 안 된다. 그런 사람은 상종하면 안 될 정도로 독한 사람이다. 아니, 적어도 평범하거나 무난한 사람은 아닌 것이 확실하다. 아무튼 요즘 드라마는 치명적인 매력을 갖고 있다.

드라마뿐만이 아니다. 세상에는 매력적인 것들이 차고 넘친다. 그 모든 매력적인 것들은 사람 마음을 사로잡아 행복 수치를 끌어올린다. 그러나 방심은 금물이다. 매력적인 만큼 그 뒤에 감춰진 중독성 또한 치명적이다. 중독성은 마음속 수갑이나 족쇄와 같다. 자칫하면 채워져 갇혀 버리는 수가 있다. 일단 갇히면 끝장이다. 그래서 매력적인 것을 대할 때는 취급 주의가 필요하다.

"백성은 그 작품의 매력에 이끌려 얼마 전까지
인간으로 공경하던 자를 경배의 대상으로 여겼다."(지혜 14,20)

사람은 다 거기서 거기다

신부들은 독신 서약을 하고 평생 혼자서 산다. 그래서 혼자 사는 것을 잘할 수 있으려니 생각하기 쉽다. 그런데 그것은 착각이다. 교회법적으로 결혼하지 않고 독신으로 살아야만 하니까 사는 것이지, 그것이 체질이나 적성에 맞아서 사는 것은 아니다. 내 경우는 특히 그렇다. 독신이지만 혼자서 지낸 적은 거의 없다. 공동체 안에서 신부들이라든지 다른 사람들과 함께 지낸 적이 많았다. 그래서 그런지 잠만 혼자서 잘 뿐 홀로 지내는 것은 나이 50이 넘었는데 아직도 적응이 안 된다. 어쩌면 여느 사람들보다 혼자 지내는 것을 잘 못하는 것 같다.

업무에 시달릴 때는 때때로 혼자 있는 시간을 즐겼다. 그럴 때를 제외하면 늘 사람들과 함께 있었다. 사실 혼자 있어 본 적이 별로 없다. 그래서 홀로 있는 시간을 잘 견디지 못한다. 군산에 방문한 사람들이 많았다는 것은 그만큼 사람들을 많이 만나면서 지냈다는 뜻이다. 방문한 손님이 많았던 덕분에 혼자 지내면서도 혼자가 아니었다. 그러다가 코로나19 4차 유행과 여름 무더위가 겹칠 무렵, 손님이 딱 끊겼다. 사실, 다녀갈 만한 사람은 다 다녀가서 더 이상 찾아올 사람이 없을 만도 했다. 그런데 한 주간에 두세 차례까지도 끊임없이 손님들이 찾아오다가 뚝 끊기고, 그것이 열흘이 넘고 2주 가까이 되자 여름에 한창 피는 꽃처럼 많은 생각이 피어올랐다. '한시적이니까 견디지…' '누군가가 갑자기 찾아와도 반갑겠군!' '노인이 돼 이렇게 만나는 사람이 없으면 얼마나 외로울까?' '늘 이런 식이라면 안식년 동안 한 일은 심심해하면서 늙은 것밖에…' '나답지 않게 누군가에게 먼저 전화를 걸어?' '지금까지 이런 생각 안 하고 지낸 것이 용하네!' '술 마시려 해도 건배할 사람이 없다니…' '지지고 볶더라도 결혼을 해서 사는 이유가 있었구나!' '직장은 일하고 돈만 버는 곳이 아니라, 소통의 창구였어!' 먼저 전화를 걸거나 심지어 만나자고 하는 것은, 상대방을 배려하지 않는 것 같고, 왠지 자존심도 구겨지는 것 같아 나답지 않다고 생각했다. 물론 먼저 연락한 적도 있지만 나로서는 드물고 아주 이례적인 일이었다.

'세상에는 먼저 연락하기가 두려워서 외로운 사람이 많다.'라는 글을 보면서 내 마음을 들킨 줄 알았다. 사람은 다 똑같은 것 같다. 혼자 있는 것을 즐기는 것은 누구나 잠시뿐, 사람은 사람을 만나야 사람다워진다. 그깟 자존심과 배려 따위 잠시 내려놓고 먼저 연락해 봤다. 다들 좋아한다. 사람은 다 거기서 거기다.

"삶의 시작도 끝도 모든 이에게 한가지다."(지혜 7,6)

괜찮아~!

　　신부가 되겠다고 10년을 준비했는데 막상 서품이 다가오자 두려움이 엄습했었다. 사제로 잘 살 수 있을지 불안하고 초조한 마음에 도저히 견딜 수 없어 총장 신부님께 면담을 청했다. 그때 들었던 말씀을 지금도 생생하게 기억한다. "자격이 충분해서 사제품을 주는 것이 아닐세! 사제는 살면서 되어 가는 거야!" 그때부터 거짓말처럼 마음이 편안해졌다. 아직은 부족해도 괜찮다는 말씀이었다. 살면서 차츰 사제가 되어 가라는 말씀이었다. 그보다 더 큰 위로는 없었다. 그 이후로 사제 서품을 받고 신부로 살면서 나름 열정을 다했다. 그러나 때로는 비틀거리다가 넘어지기도 했다. 그리고 넘어질 때마다 마음이 아팠고, 자책했다. 그런데 그렇게 부족하고 한계가 많은 나에게 언제부턴가 또다시 힘이 되어 준 시 한 편이 있다. "흔들리지 않고 피는 꽃이 어디 있으랴. 이 세상 그 어떤 아름다운 꽃들도 다 흔들리면서 피었나니." 이 시는 비틀거릴 수 있다고, 넘어지면 좀 어떠냐고, 괜찮다고 위로해 주었다. 원래 인간은 나약한 존재라 넘어질 수 있으니 괜찮다는 것이다. 괜찮다는 말이 얼마나 큰 위로인지 새삼 깨달았다. 부족함을 스스로 아는 이들에게 다그칠 필요는 없다. 그들에게 필요한 말은 한마디뿐이다. "괜찮아~!"

특별한 날은 아니었는데 큰형과 형수님의 저녁 식사 초대로 간만에 형제자매들이 다 같이 모였다. 맛있는 음식에 술까지 더해져 분위기가 아주 좋았다. 어떤 맥락이었는지 정확하게 기억나지 않는데 매형이 불쑥 "나씨 집안에 뭐 내세울 것 있나?"고 했다. 악의를 가진 말이 아니라 매형 특유의 장난 섞인 도발(?)이었다. 그때 내게 기가 막힌 말이 번뜩였다. "우리 집안에 내세울 것이 왜 없어요? 매형 있잖아요. 매형! 이래 봬도 우리가 괜찮은 매형을 보유한 집안이라구요!" 내가 말해 놓고도 머리 위에 느낌표(!)가 딱 그려지는 것 같았다. 그 말을 들은 매형의 표정을 잊을 수 없다. 할 말은 잃었지만 기분 좋고 위로가 되고 힘이 난다는 표정이었다.

'괜찮아'라는 말은 현실의 무게를 가볍게 해 주면서 마음을 편하게 이끌어 준다. '괜찮은 사람'이라는 말은 가슴을 뿌듯하고 벅차게 해 준다. 별것 아닌 것 같은데 엄청난 위로와 힘이 된다. 그런데 이 말을 자주 한 기억이 별로 없다. 안타까운 현실이다. 이제부터라도 즐겨 말하려 한다. 정말 얼마나 좋은 말인가! "괜찮아~!" "너는 괜찮은 사람이야~!"

"당신 말씀이 저를 살리신다는 것
이것이 고통 가운데 제 위로입니다." (시편 119,50)

속(贖)

　　　건강 검진을 받을 때마다 장 내시경 검사는 매번 다음 기회로 미루곤 했다. 그런데 병원에 갈 일이 있어 대면 예약을 했는데, 담당자가 워낙 친절하게 권유해서 한번 검사를 받아 보기로 했다. 그런데 검진 날이 다가올수록 그만두고 싶은 마음이 계속 올라왔다. 우선은 3일 전부터 해야 하는 음식 조절부터가 갈등의 시작이었다. 거의 흰죽만 먹어야 하니 먹성 좋은 나로서는 환장할 노릇이었다. 더구나 장 청소를 위해 이상한 맛이 나는 물을 억지로 엄청나게 들이켜야 했다. 도대체 얼마나 오래 살겠다고 이런 짓까지 하는가 싶어서 또 갈등했다. 심지어 검사받으려고 누웠는데도 이런 소리가 들렸다. '포기해! 늦지 않았어!' 분주히 일하는 간호사들의 대화 소리가 한참 들리더니 검사 직전 어느 순간 기억이 끊겼다. 그리고 다시 눈을 떴더니 끝났단다. 갈등에서 이긴 것 같긴 한데 왠지 허탈했다.

눈뜨자마자 마취가 덜 깬 상태에서 부원장 안 신부에게 전화를 했다. 그리고 나서는 지갑 속 신사임당 지폐 몇 장을 건네주면서 검진 센터 직원들이 고생 많더라고, 커피나 아이스크림을 사 주면 좋겠다고 했다. 마치 수면 중에 그런 명령이라도 받은 사람처럼 굴었다. 그런데 그것은 전혀 준비하지 않은 돌발 행동⑦이었다. 아마도 전쟁터와도 같은 곳에서 날마다 일하는 직원들이 고맙고 안쓰러웠나 보다. 의식이 없었을 뿐, 몸속으로 들어온 검사 도구가 거북했을 위와 대장이 아주 조금 불편함을 호소했다. 속은 약간 불편했지만 고생을 알아주는 사람이 있다면서 흐뭇해할 직원들을 생각하니 기분은 괜히 좋아졌다. 그나저나 내시경 검사를 포기할지 말지 내내 그것만 고민했었는데 왜 갑자기 그런 돌발 행동을 했을까? 아! 아니다! 생각났다! 치과 진료를 받으러 갈 때도 곧잘 그러곤 했다. 입을 벌리고 속을 보였으니 못 본 척해 달라는, 입막음 뇌물⁽²⁾이었다. 그런데 이번에는 입속도 아니고 몸속 가장 깊은 위장과 대장 속을 보여줬으니 오죽했겠는가! 내가 마취에서 깨자마자 그렇게 착한 생각을 했을 리 없다. 아무래도 입막음하는 것이 좋겠다는 생각을 본능적으로 한 것이 분명하다. 어쨌거나 검사 결과 정상이라니 구린 것을 내비치지 않아 그나마 다행이다.

속(內) 중에 가장 은밀한 것은 마음속이다. 그래서 마음속은 함부로 노출해서는 안 된다. 그러나 때로는 감추지 않고 마음속을 훤히 드러내 보이는 것도 좋다. 감춤과 노출의 균형을 잘 잡는 사람은 행복하다.

"사람 마음속의 뜻은 깊은 물과 같지만

슬기로운 사람은 그것을 길어 올린다." (잠언 20,5)

아미산

　　대전에 있는 계족산을 20년 넘게 즐겨 다녔다. 표면상으로는 심신을 위한 산행이지만 사실 저녁때 맛난 음식을 많이 먹으려는 의도가 다분했다. 그런 불순한 의도에도 불구하고 계족산 숲길은 나에게 늘 행복감을 안겨 줬다. 그런데 6개월 전 솔뫼성지에 부임하면서부터 계족산에서 멀어졌고, 동시에 행복감도 멀어졌다. 가볍게 산책하기에는 솔뫼성지도 괜찮은데 산속 숲길과는 분명한 차이가 있었다. 그래서 가까이에 계족산 느낌의 숲길이 있는지 찾아봤다. 약 16km 떨어진 곳에 있는 아미산이 가장 적합해 보였다. 그래서 바로 탐방에 나섰다. 대체로 완만하고 그늘로 이루어진

숲길을 1시간 남짓 걸으면 원점으로 돌아올 수 있어 딱 좋았다. 그렇게 찾은 아미산 덕분에 요즘 한동안 멀어졌던 행복감을 새록새록 되찾고 있다. 산이 나에게 이 정도의 영향력을 행사하고 있었는지 미처 몰랐다.

또 다른 길을 탐색하려고 이웃하고 있는 몽산, 구절산까지 가 봤다. 아미산보다 솔뫼에서 4km 더 가까운 구절산 쪽을 걷다가 멧돼지 새끼 두 마리와 마주쳤다. 정말 귀여웠다. 그런데 녀석들은 나를 보자 기겁하며 도망쳤다. 귀엽다는 생각도 잠시, 멧돼지 새끼들이 맛있을 것 같았다. 물론 잡아먹을 생각은 아니었다. 하지만 그 와중에 맛있겠다고 생각하는 것이 정상인지 스스로 고개를 갸우뚱거렸다. 그런데 녀석들이 몸을 감춘 쪽 풀숲이 계속 좌우로 흔들리는 것이 심상치 않았다. 금방이라도 어미 멧돼지가 뛰쳐나올 것 같아 살짝 겁먹고 조심스레 되돌아왔다. 아마도 맛있겠다는 생각만 하지 않았어도 전진했을 수 있다. 그런데 어미가 나를 보면 왠지 내 불순한 생각(?)을 금방 알아차리고 나에게 달려들 것 같았다. 그래서 더 이상 전진할 수 없었다. 사실 어미 멧돼지가 내 생각을 알아챌 리는 없다. 그러나 알아채는 것과 관계없이 멧돼지가 달려들 수는 있다. 그런저런 생각을 하면서 혼자 낄낄대며 돌아왔다. 아무래도 그쪽 길은 인적이 드물고 새끼 멧돼지를 맛볼 확률보다는 어미 멧돼지에게 당할 확률이 높아 더 이상 다니지 않을 것 같다.

산은 언제나 제자리에 있으면서 넉넉하게 사람을 품어 준다. 산은 나를 받아 주고 위로하고 웃게 하고 행복하게 해 준다. 설령 내가 찾지 않아도 산은 재촉하지도 않는다. 그냥 그 자리에서 늘 기다려 준다. 산뿐만이 아니다. 나를 행복하게 해 주는 또 다른 무엇은 얼마든지 있다. 단지 내가 그것을 찾지 않는 것일 수 있다. 나를 행복하게 해 줄 무엇이 있는데 그것을 찾지 않는 것은 분명한 손해다.

"이 가르침에 주의를 기울이는 이는 행복하고

그것을 마음에 간직하는 이는 지혜로워지리라." (집회 50,28)

개무시

　　마을에서 한참 떨어진 논 길가에 덩그러니 세워진 집 한 채가 있다. 들판 한가운데 일부러 외딴집을 짓고 낭만적으로 사는 것 같다. 아무튼 그곳을 지날 때마다 개 한 마리가 울타리 안쪽에서 나를 따라 걸으며 짖어 댔다. 매번 시끄럽고 사납게 굴어 다른 길로 다닐지 살짝 고민했다. 그런데 개 때문에 다른 길로 다닌다는 것이 영 내키지 않았다. 그래서 개가 짖거나 말거나 눈길 한 번 주지 않고 꿋꿋하게 그 길로 다녔다. 한 달쯤 지나자 짖어 봐야 소용없다는 것이 학습된 듯했다. 밥값을 한다는 시늉으로 주인이 있을 때만 조금 더 짖을 뿐 짖는 횟수와 소리가 현저히 줄어들었다. 그러던 어느 날, 바닥에 널브러져 있던 녀석이 분명히 고개를 들어 나를 봤는데 귀찮은 듯 고개를 떨궜다. 아예 한 번도 짖지 않은 것이다. 그때 나는 빵 터져서 혼자 웃었다. '아! 이런 것이 개무시구나!'

개뿐만 아니라 논길을 걷다 보면 다양한 생물체를 만나게 된다. 그중에 마주치기 가장 싫은 놈은 무조건 비둘기다. 녀석들은 눈에 띄지 않는 풀숲에 있다가 내가 옆을 지날 때면 갑자기 날갯짓하며 달아난다. 푸드덕 소리에 깜짝 놀라 저절로 욕이 튀어나왔다. "이런, 개노무시키들!" 그 욕은 비둘기가 개로, 조류가 포유류로 정체성이 뒤바뀌는 엄청난 말이었다. '대체 무슨 원죄가 있어 욕할 때마다 개가 등장하는지…' 그 생각에 키득거리며 또 웃는다. '비둘기가 일찌감치 자리를 피했거나 차라리 나를 개무시했으면 욕먹지 않았을 텐데…' 아무튼 비둘기들은 나를 놀라게 해서 싫다. 반면 곤충류는 매번 나 때문에 녀석들이 놀란다. 메뚜기과에 속하는 풀무치 같은 놈들은 경계심이 어찌나 강한지 내가 근처만 가도 높이 뛰어올라 다른 곳으로 도망간다. 그런데 뛰어올랐다가 깔끔하게 착지하면 좋으련만 어설프기 짝이 없다.

착지하는 모습이 균형 잃은 체조 선수나 비틀거리는 취객을 연상시킨다. 그래서 걔들 때문에도 웃는다. 가만 보면, 웃을 일이 참 많다.

인간 세상에서 무관심이나 무시는 미움보다 더 나쁘다는데 흔한 일이다. 하지만 동물의 세계는 다르다. 사람이 혼자 조용히 걷는 것조차 용납하지 않는다. 차라리 무시해도 좋을 텐데 동물들은 반응을 보인다. 그럴 수밖에 없는 것이, 외딴집 개, 비둘기, 풀무치 등 동물 쪽에서 볼 때 사람이 먼저 움직였다. 그래서 영향을 받은 것이다. 심지어 개가 나를 무시한 것도 사실 내 탓이다. 내가 먼저 지속적 무시를 했다. 내가 원인 제공자다. 인간 세상에서도 마찬가지이다. 내 탓으로 돌리고 사과할 것들이 있다. 그것을 무시하면 성장하기 어렵다.

"작은 것을 무시하는 자는 조금씩 망하리라."(집회 19,1)

많은 것들과의 전쟁

2022년 봄부터 드디어 솔뫼성지가 기지개를 켰다. 코로나19 영향으로 자취를 감췄던 대형 버스가 보이기 시작하더니 많을 때는 일곱 대까지 왔다. 그러다가 한여름 잠시 주춤하는가 싶더니 가을이 되자 성지는 순례자들로 넘쳐났다. 11시 미사 참례자가 평소에는 많아야 150 내지 200명이었는데, 9월 이후로 350, 500, 700, 1200, 1500여 명이 넘었다. 정점을 찍은 날에는 대형 버스가 무려 34대나 줄지어 주차해 있었다. 코로나19에서 벗어나 평범한 일상으로 돌아가고 있다는 신호여서 더 많이 감격스러웠다. 성지에 부임하기 이전에는 소박했던 예전 성지가 그립다고 하면서 대형화

하는 성지에 대해 날 선 비판을 했었다. 그런데 넘쳐 나는 순례자들을 직접 맞이해 보면서 수요에 따른 공급 차원이 있다는 이해심이 생겼다. 직접 살아 보지 않고 밖에서 함부로 판단하는 것은 역시나 옳지 않은 일이었다.

그나저나 순례자들이 단계적으로 점점 늘어났기에망정이지, 부임하자마자 1500여 명의 미사를 주례했더라면 소심한 심장이 오작동했을지도 모른다. 시간적 여유를 갖고 조금씩 적응한 덕에 긴장하지 않고, 많은 신자와의 미사를 오히려 즐길 수 있었다. 대범하면서 동시에 소심하기도 해서 낯선 환경에서 미사를 집전하면 긴장할 때가 더러 있다. 그런 긴장과 떨림을 견디는 것은 쉬운 일이 아니다. 그런데 또 다른 한편으로는 내가 부족한 사람이라는 그런 사인이 싫지 않다. 그 사인 덕분에 교만에 빠질 확률이 낮아지기 때문이다. 예전에는 강심장들이 부러웠는데 이제 딱히 그런 생각도 없어졌다. 내 삶과 신앙을 이끌어 주시는 분은, 그렇게 오묘한 방법으로 개입하신다. 대범과 소심 사이 그 어디쯤이 그분이 드나드는 통로인지 모른다.

단체 순례자들이 1000명 이상이면 미사 준비부터가 전쟁이다. 사람들로 넘쳐나는 전쟁은 미사에 이어 순례자 식당, 카페와 로컬푸드 매장, 성물 보급소와 화장실까지 이어진다. 전쟁은 그뿐만이 아니다. 겨울철에 내리는 눈과의 전쟁, 여름철에 쑥쑥 자라는 풀과의 전쟁, 연중 버려지는 쓰레기와의 전쟁 등 성지는 많은 것들과의 전쟁이다. 그런데 이미 일상이 된 그런 전쟁보다 전쟁 중에 겪는 마음속 시끄러운 감정과의 싸움이 진짜다. 여유가 없는 상황에서 어떤 무례함과 맞닥뜨리면 마음속이 정말로 시끄러워진다. 사실 그 감정과의 싸움이 관건이다. 그런데 힘겨운 그 싸움에서 이기는 방법은 의외로 간단하다. 마음먹기에 달려 있다.

"전쟁의 승리는 군대의 크기가 아니라 하늘에서 내려오는 힘에 달려 있다." (1마카 3,19)

쥘 때가 아니라
줄 때 더 행복하다

몸만 덩그러니 남겨 두고 제 집을 빠져나갔던 정신이 동절기가 되자 되돌아왔다. 몸은 참 미련하고, 정신은 영악하다. 분주할 때 자기 살 궁리를 하는 정신을, 어쩌면 몸도 본받아야 한다! 아무튼 순례자들이 많을 때는 많아서 좋았는데 요즘 잦아드니 그것도 좋다. 규모와 관계없이 귀하지 않은 순례자는 없다. 그런데 더 애정이 가는 순례자들이 있다. 바로 예비 신자들과 주일 학교 아이들이다. 교회의 현재이자 미래인 그들에게 사제로서 본능적으로 관심을 갖게 된다. 그래 봤자 몇 마디 격한 환영의 말을 해 주는 것과 솔뫼

매점에서 내 이름 대고 아이스크림 먹으라고 하는 것이 전부다. 그것도 매번은 아니고 지갑이 감당할 수 있는 만큼만 그렇게 했다. 예비 신자들과 아이들이 유난히 많았던 어느 날, 아이스크림을 사겠다는 말로 기분 좋게 강론을 시작했다. 신앙생활은 아이스크림처럼 달콤한 맛도 있다는 것을 알려 주고 싶었다. 그런데 아! 완전 감동이었다. 미사 분위기가 인상적이었다면서 어떤 부부가 나 대신 이십만 원을 결제하고 떠나셨단다.

신부로 살면서 신자들에게 얼마나 많은 것들을 거저 받는지 모른다. 본당에 있을 때는 사제관 문고리에 이틀이 멀다 하고 소소한 선물 봉다리가 걸려 있었다. 솔뫼성지 미사에 자주 나오시는 분들도 많은 것들을 챙겨 주신다. 직접 만든 음식이나 농산물뿐만 아니라 돈 주고 사 온 것들까지 다양하다. 신부에게 퍼 나르는 그것들은 감히 돈으로는 환산할 수 없는 값진 선물들이다. 신부에 대한 신자들의 사랑이 거기에 고스란히 담겨 있다. 어쩌면 신부들은 그런 정으로 산다. 아니, 세상 사람 누구도 마찬가지다. 그런 정으로 산다. 세상이 에누리 없는 사람들로만 가득하다면 과연 인생이 행복할까?

경제 원칙의 기본은 최소 비용으로 최대 효과를 내는 것이다. 최소 돈을 들여 어떤 결과물을 얻어 내거나 최소 노동으로 꼬박꼬박 수익을 창출하는 것이 최고 가치이다. 사람들 대부분은 그 원칙대로 산다. 그런데 경제 원칙의 기본을 깨면서 사는 사람들이 있다. 아무 대가 없이 굳이 자기 것을 내주면서 사는 사람들이다. 경제 원칙의 기본을 살지 않는 그런 사람들이 좋다. 그들 덕분에 그나마 숨통이 트인다. 그들 덕분에 세상이 그나마 살 만하다. 경제 원칙의 기본이 깨지면 경제적으로는 분명 손해. 그런데 그래야 행복해진다. 쥘 때 행복한 것이 아니다. 오히려 줄 때 더 행복하다. 쥘 때가 아니라, 줄 때 더 행복하다.

"행복하여라, 주님을 경외하고 그분의 계명들로 큰 즐거움을 삼는 이!"(시편 112,1)

내 편

(A) "○○ 때문에 열 받아 죽겠어! 상식적으로 도대체 이게 말이 돼?"

(B) "바빠서 그랬나 보다고 생각해~!"

(A) "한두 번이 아니라고! 어떻게 매번 그래?"

(B) "○○가 갱년기라 그럴 수 있어! 네가 이해해!"

이만저만해서 속상하다고, 힘들다고, 화가 났다고 이야기했다. 그런데 내 말을 들은 사람이 맞장구쳐 주기는커녕 오히려 화나게 한 상대방 입장을 헤아려 주라는 말뿐이다. 위로한답시고 한다는 말이 상대방 입장을 헤아려 주란다. 그 사람 때문에 화난 것보다 그 말에 더 화가 치미는, 어처구니

없는 상황이다. 그 순간 내 입에서 이 말이 튀어나왔다. "내 편 맞아?"

아무한테나 속상하고 힘들었던 이야기를 하지는 않는다. 속내를 드러내는 이야기는 가장 친한 사람들하고만 나눈다. 그러나 공간적 제약이나 기타 등등의 이유로 또 다른 사람에게 힘들었던 이야기를 할 경우가 있다. 당장 위로를 받고 싶은 것이다. 마음이 무너져서 지금 힘을 얻고 싶은 것이다. 그런데 어떤 사람들은 그런 상황 속에서 위로랍시고 상대방을 두둔해 주는 조언을 한다. 유치원생이라면 모를까 그 이상 나이 먹은 사람에게 조언 따위는 필요치 않다. 상대방 입장을 헤아리라는 식의 조언은 2차 가해와 다름 아니다. 지금 화났다고, 힘들다고 할 때는 '그랬구나!' '힘들었겠다!' 정도의 맞장구면 충분하다. 그저 들어 주고 긍정해 주며 그의 편이 되어 주면 되는 일이다. 굳이 알지도 못하는, 화나게 한 사람의 편을 들면서까지 애써 조언하거나 설명할 필요가 없다. 당장 위로와 지지가 필요해서 속내를 드러냈을 뿐이니까. 그나마 친하다고 생각해서 말을 꺼냈는데 내 편이 아니라 남의 편만 헤아려 준다면 다시 마음을 열 수 있겠는가!

언어 습관을 점검해 볼 필요가 있다. 때로는 많은 말이 필요하지 않다. 맞장구만 쳐도 된다. 나도 너와 같은 생각이라고, 네 편이라고만 하면 된다. 행여 그가 잘못 생각하고 있어도 괜찮다. 힘들다는 이에게 필요한 것은 공감뿐이다. 공감만이 위로를 줄 수 있다. 조언은 그다음 문제이고, 굳이 하지 않아도 그만이다. 정작 중요한 것은 같은 편이 되어 주는 것이다. 그렇게 언어 습관 하나 바꾸는 것만으로도 힘들어하는 사람에게 위로를 줄 수 있고, 그와 더 좋은 관계를 맺을 수 있다.

"내 편에 서지 않는 자는 나를 반대하는 자고,

나와 함께 모아들이지 않는 자는 흩어 버리는 자다."(루카 11,23)

작용하는 힘

솔뫼성지 대성당 뒤편으로 드넓은 평야가 삽교호 바다까지 이어져 있다. 다른 계절과 달리 겨울 논두렁길 산책은 마냥 황량할 줄로만 알았는데 아니었다. 철새들 관찰하는 재미가 쏠쏠하다. 꽤 여러 종류의 철새를 볼 수 있는데 가창오리는 해마다 무려 30만 마리 이상 다녀간단다. 논두렁길을 산책할 때마다 떼를 지어 하늘을 날거나 논에서 쉬는 너석들을 수시로 만난다. 도시의 밤랑 까진 비둘기나 되바라진 까치들은 사람이나 자동차가 옆을 지나가도 꿈쩍하지 않는다. 그런데 철새들은 전혀 다르다. 약 100미터쯤 떨어져서 걷고 있어도 가깝다고 느낀다. 그 이상 가까워지면 일제히 날아오른다. 한 번에 수백 마리가 날아오를 때 천둥 같은 소리가 나는데 기분이 야릇하다. 괜한 날갯짓을 하게 해서 미안하기도 하고, 나만을 위한 비행으로 눈을 호강시켜 줘서 고맙기도 하다. 누런 토종닭을 닮은 녀석들과 마주칠 때가 종종 있는데 그놈들은 정말 먹음직스럽다. 하지만 산책이 목적일 뿐 잡아먹을 의도는 전혀 없다. 그런 순수한 마음도 몰라주고 꽤 먼 거리에서 걷는데도 녀석들은 일단 튀고 본다. 나는 길을 걸었을 뿐인데 철새들에게는 위협이었다. 세상의 많은 것들은 의도와 관계없이 그렇게 영향을 미치고 작용한다.

솔뫼 공동체 구성원에 변화가 생겼다. 결이 달라서든 이미 얽혀 있던 관계 때문이든 서로 조화롭지 않았다. 어떻게든 엮어 보려 시도했으나 헛심만 빠졌다. 변화가 필요하다고 판단했다. 교구와 수녀회의 인사 명령에 따른 변화뿐만 아니라 의도적인 변화도 추가했다. 예상했던 대로 사람들이 바뀌면서 분위기가 달라지고 있다. 인기척에 철새 따위가 영향을 받아 날아가는 것과는 비교할 수 없는 변화다. 역시나 벽(壁)은 허물어야 하고, 서로 통(通)해야 하며, 정(情)이 오가야 한다. 행복한 공동체 삶의 기본 조건들이다. 헤어짐은 언제나 그랬듯 어렵고 아프다. 그리고 변화로 인해 생긴 아쉬움이 있는 것도 사실이다. 하지만 어쩔 수 없다. 주사위는 이미 다시 던져졌다. 우리는 더 나은 공동체를 향해 나아가야 한다.

사람의 눈빛, 표정, 동작, 말 하나하나가 주변 사람들에게 작용하는 힘은 놀랍다. 한숨을 몰아쉬게 하는 사람이 있는가 하면, 시들시들해진 세포에까지 힘을 불어넣어 주는 사람도 있다. 물 한두 방울만으로도 수면에 파장이 이는 것처럼 한두 사람의 열린 마음으로부터 공동체의 행복이 시작된다. 열린 마음을 가진 사람은 하느님의 선물이다.

"모든 것이 함께 작용하여 선을 이룬다는 것을 우리는 압니다."(로마 8,28)

잦아지면 습관 된다

―

솔뫼성지는 그 이름에 걸맞게 오래된 소나무들이 아름다운 숲을 이루고 있다. 그리고 아직은 덩치가 작은 소나무들도 여기저기 군락을 이루고 있다. 적당한 때에 사람도 이발해야 하듯 소나무도 가지치기를 해 줘야 한다. 그렇지 않으면 보기에 지저분할 뿐만 아니라 겨울철 소복하게 쌓이는 눈에 자칫 가지가 꺾인다. 키 큰 고목들은 전문가들 영역이라 감히 손댈 엄두를 내지 못했다. 하지만 김대건 생가와 담장 사이에 심긴 소나무들은 가지치기 작업 문외한인 나도 도전해 볼 만했다. 그래서 작년에 가지치기를 해 봤다. 사다리를 놓고 손이 닿는 부분까지 톱으로 자르고 정리하는 것이 내가 할 수 있는 전부였지만 그것만으로도 한결 나아졌다.

최근에 가지치기 작업을 다시 시작했다. 부지런히 작업해서 순례자들에게 단정한 솔뫼의 모습을 보여 주고 싶지만 자주 할 수는 없다. 위를 올려다보면서 일을 해야 해서 목이랑 어깨가 상당히 아프다. 조금 무리를 했는지 어느 날 결국 담이 붙어 일주일 넘게 통증에 시달렸다. 그런데 목이 아픈 것보다 작업 중에 들은 어느 분의 말이 더 아팠다. 지친 나에게 다가와 마치 내 책임이라는 듯 말했다. "소나무가 삐딱해!" 가지를 치고 나니까 나무의 형태가 눈에 들어온 모양이다. 소나무들은 삐딱해도 괜찮다고 말했는데도 같은 말을 거듭 반복했다. 몇몇 분은 시원해 보여 좋다고 했고, 사람들 대부분은 무관심했다. 그런데 차라리 무관심이 나았다. 굳이 불필요한 말로 애먼 사람 기분을 곤두박질치게 할 필요는 없었다. 나무를 심는 중이었다면 삐뚤다는 말이 도움이 되었을지도 모른다. 그러나 가지를 치는 사람에게 그 말이 무슨 소용이란 말인가! 정작 삐딱한 것은 소나무가 아니라 그분의 말이었다. 의도하지 않았더라도 적절하지 않은 말은 사람을 다치게 한다.

삐딱한 말, 어깃장 놓는 말, 깐족대는 말 등 장난처럼 하는 말도 잦아지면 습관이 된다. 의도하지 않았는데도 그런 말이 튀어나온다면 변화를 도모해야 한다. 친절한 말, 상냥한 말, 부드러운 말, 힘이 되는 말을 즐겨 써야 한다. 말뿐 아니다. 눈빛이나 표정도 같은 얼굴에서 나오는데 어떤 것은 힘이 되고 어떤 것은 폭력적이다. 종이 한 장 차이다. 말, 표정, 눈빛에서 딱딱한 것들이 툭툭 튀어나온다면 고쳐야 한다. 늦지 않았다. 새로운 출발을 위한 최적의 때는 바로 지금이다. 딱딱함을 깨고 나와야 한다. 부드러워져야 한다. 말랑말랑해져야 한다. 그것이 삶 속의 부활이고, 결국 그 부활이 나를 살린다. 다행이다. 좋은 것들도 잦아지면 습관이 된다.

"부드러운 말씨는 친구들을 많게 하고
우아한 말은 정중한 인사를 많이 받게 한다."(집회 6,5)

만들어 낸 복이
더 값지다

—

　사람을 보면서 첫눈에 반한 적이 있다. 남녀 불문하고 외모에서 빛이 나는 사람을 보게 되면 첫눈에 반할 수 있다. 예쁘고 매력적인 사람, 잘생기고 멋진 사람을 좋아하지 않을 사람은 사실상 없다. 사람이 외모로 평가받는다는 것은 쓸쓸할지언정 엄연한 현실이다. 그러나 최후의 결정적 평가는 역량이나 내면의 됨됨이다. 나를 보면서 첫눈에 반한 사람은 단언컨대 없다. 그런데 시간은 내 편이다. 사람들은 나에게서 매력 요인을 찾아낸다. 처음에만 반짝 좋아해 주는 것보다 얼마나 다행이고 고마운 일인지 모른다.

작년 3월에 솔뫼성지 관리장을 채용했다. 원래는 사무 업무 일부와 관리 업무를 겸하려고 했었다. 그런데 눈치 빠른 나는 그의 성향이 지극히 단순하다는 사실을 바로 알아차렸다. 그래서 단순 작업을 주로 맡겼는데 처음에는 그것마저 버거워 보였다. 그런데 시간이 지날수록 그가 새롭게 보였다. 사람들과의 사교성이랄지 관계성이 뛰어난 편은 아니다. 그런데 그를 싫어하는 사람은 아무도 없다. 솔뫼 사람들은 도움이 필요할 때 그에게 요청하기를 어려워하지 않는다. 그가 어렵게 굴지 않기 때문이다. 그는 정해진 시간보다 1시간 이상 일찍 출근해서 하루 종일 성실하게 자기 일을 한다. 최근에는 그가 홈페이지를 만들었다. 기존 것이 개점휴업 상태라 마음속에 늘 숙제였었고, 그래서 비용을 들여 다시 구축하려던 참이었다. 그런 내 마음을 읽었는지 퇴근 후에 틈틈이 만들어 봤다면서 본인이 작업한 내용을 보여 줬다. 세련되어 보이지는 않지만 시키지도 않았는데 자기 시간과 공을 들여 만들었다는 것 자체가 감동이었다. 그 마음이 고마워서 그가 만든 것을 그대로 쓰기로 했다. 또 내가 가지치기 작업을 하고 나면 가지들이 산처럼 쌓이는데 늘 그가 그것을 치워 주었다. 계산적이지 않아서 좋고, 내가 말하면 바로 처리해 줘서 마음에 든다. 심지어 타의 추종을 불허할 만큼 착하고 성실하다. 그는 노동의 가치를 더 높이 평가하도록 나를 각성시키고 있다. 뽀얗고 잘생긴 편이지만 그도 첫눈에 반할 만한 매력의 소유자는 아닐 수 있다. 그러나 매력적인 사람이라는 것은 틀림없다. 묵묵한 그가 어떤 때는 성자(聖者)처럼 보인다.

첫눈에 반할 만한 외모의 소유자는 복을 타고난 것이다. 반면에 시간이 지날수록 점점 매력을 드러내는 사람은 스스로 복을 만들어 낸 것이다. 타고난 복이 없다고 느껴지는 사람은 복을 만들어 내면 된다. 사실 만들어 낸 복이 더 값지다.

"지혜로운 사람은 남의 칭찬을 많이 받고

보는 이마다 그를 복되다 일컬으리라."(집회 37,24)

행복은,
미루는 게 아니다

 마흔 초반에 치과에서 이 세 개를 임플란트를 하자는데 그럴 돈이 없었다. 그때 기분 참 씁쓸했었다. 이후로 저축도 조금 했는데, 돈과 관계 없이 행복하게 살고 있다. 공적으로도 사회 복지 분야에서 16년 동안 지내면서 상당 부분 후원금에 의존하면서 지낼 수밖에 없었다. 그럼에도 어려운 사람들을 돕는 일을 펼치는 데 배짱 두둑했었다. 그런데 솔뫼성지에 부임하면서부터 마음가짐이 조금 달라졌다. '기억과 희망' 성당을 건축하느라 빚이 적잖이 남아 있었다. 그래서 매달 이자를 내고 있는데 그 돈은 마치 강탈당하는 것처럼 아까웠다. 그렇게 이자와 원금 갚는 일이 자연스럽게 우선 과업이 될 수밖에 없었다. 그러다 보니 해야 할 일들이 눈에 보여도 못 본 척 평소 나답지 않게 눈을 질끈 감아 버렸다.

낡고 관리마저 되지 않는 화장실이 문제라는 것을 뻔히 알면서도 개선을 미루고 외면해 왔다. 성모 경당에 물이 새는 줄 알면서도 지붕 공사를 막연히 미루고 있었다. 그런데 깊이 생각할 것도 없이 당장 급한 일은 진행하는 것이 옳았다. 덜 시급한 일은 미뤄도 괜찮다. 그런데 정말 시급한 두 가지 그 일은 더 이상 미룰 수 없었다. 그래서 우선은 화장실을 관리해 줄 분을 급히 구했다. 그리고 벽과 바닥 타일 교체를 비롯해 화장실 개선 공사를 시작했다. 그랬더니 얼마나 깨끗해졌는지 모른다. 순례자들이 청결한 화장실을 이용할 생각을 하니까 진작 개선하지 않은 것이 후회될 정도로 만족스럽다. 빚을 갚아야 한다는 부담감 때문에 생각이 꽉 막혀 있어서 쾌적한 환경 조성이 늦어졌다. 그러나 어느 한순간 생각을 과감하게 바꿨다. 외면하거나 미루는 것이 문제의 답이 될 수는 없다.

류시화 님의 『하늘 호수로 떠난 여행』이라는 책에 이런 말이 나온다. "이 지구의 동물들 중에서 '미루는 것'을 발명한 것은 인간뿐이다." '미루는 것'이 좋은 결과를 가져올 때도 드물게 있다. 내일 비가 온다는데 굳이 오늘 화단에 물을 줄 필요는 없다. 그럴 때는 미루는 것이 낫다. 그런데 쉼이나 여행, 심지어 행복을 미루는 사람들이 있다. 돈을 더 벌어야 한다. 일 때문에 바쁘다. 그래서 여력이나 여건이 안 된다. 그러니 좀 더 나중에 누리려고 미룬다. 한편으론 그 생각이 맞다. 그런데 내 몸과 건강은 얄궂다. 어찌나 인색한지 기다려 주지 않는다. 그래서 바쁠수록 쉬어야 하고, 여유가 없을 때 오히려 즐길 줄 알아야 한다. 다른 것은 몰라도 행복은, 미루는 게 아니다.

"서원을 제때에 채우기를 망설이지 말고

죽기까지 그 이행을 미루지 마라."(집회 18,22)

가끔은 땜빵도 좋다

솔뫼성지 7시 미사는, 김 & 권 신부가 책임져 준다. 김 & 권 신부 둘 다 외부 일정이 있는 경우에만 드물게 내가 집전한다. 단체나 개별 순례자들이 주로 참석하는 11시 미사는 물론 내 몫이다. 한여름과 겨울에는 순례자들이 뜸하지만 봄과 가을에는 거의 매일 단체 순례자들로 북적인다. 하지만 아무리 바빠도 보좌 신부가 있을 때는 일정을 조율하면서 잘 쉴 수 있었다. 그런데 올해는 보좌 신부를 받지 못해 여간 불편한 게 아니다. 확실하게 쉴 줄 알아야 에너지가 충전된다. 그래야 지치지 않고 일도 잘할 수 있다. 그런데 협조자가 없어서 상황이 달라졌다. 개인적으로 쉬는 것도 대충, 일하는 것도 대충 하는 사람은 싫다. 일과 쉼, 그 모두에 열정인 사람이 좋다. 일을 하려면 제대로 해야 한다. 또한 과감히 쉴 줄도 알아야 한다. 그러려면 나 없어도 괜찮도록 땜빵(?) 구조를 갖춰야 한다. 그래야 일과 쉼에는 열정을, 사람들에게는 친절을 다할 수 있다.

한 주간에 하루, 주로 화요일에 김 & 권 신부가 나 대신 11시 미사를 도와주고 있다. 그 덕분에 쉼표를 찍으면서 살고 있다. 본당과 달리 매일 같은 시간대 미사라 대신 집전해 주는 신부가 없으면 자칫 옴짝달싹하지 못할 수 있다. 사실 미사를 대신해 주지 않았다면 쉬는 것뿐만 아니라 일까지도 흐리멍덩해질 수 있었다. 일할 때 제대로 하고, 쉴 때 확실히 쉬는 것이 정석이다. 일과 쉼을 어정쩡하게, 이도 저도 아니게 사는 사람들을 좋아하지 않는다. 그런데 하마터면 내가 그렇게 살 뻔했다. 휴가를 계획하거나 돌발 상황이 생길 때는 또 다른 신부들에게 땜빵을 부탁한다. 내 주변에 그나마 만만한(?) 착한 신부들이 있어서 다행이다. 땜빵 덕분에 그럭저럭 나는 여전히 행복하게 지낸다. 그만큼 땜빵은 필요하고 중요하다. 직장에서나 가정에서나 대체하기 어려운 자리에 있는 사람들이 있다. 본인의 강박이든 타인의 강요든 역할을 대체하지 못하면 삶이 버겁다. 가급적 빨리 거기에서 나와야 한다. 생각을 고쳐먹어야 한다. 땜빵을 해 줄 사람을 찾아야 한다. 물론 여건이 어려울 수 있다. 그런데 그럴수록 오히려 땜빵은 더 필요한 법이다.

땜빵이 허용되지 않거나 각자 장벽을 둘러치고 자기 일만 하는 공동체는 상상만으로도 숨이 막힌다. 땜빵은 사람이 숨을 돌릴 수 있게 해 준다. 세상은 결국 나 없이도 돌아간다. 땜빵을 하면서 살아야 할 또 다른 이유다. 가끔은 땜빵도 좋다. 적절한 땜빵은 사람을 살린다. 그러나 일상을 땜빵처럼 사는 것은 지극히 경계해야 한다. 품위를 유지할 수 있을 만큼의 땜빵이 적정선이다.

"교양 있는 영혼을 대신할 만한 것은 없다." (집회 26,14)

페이지를 넘겨야 한다

거의 우리말처럼 사용하는 외래어 1위가 '스트레스'라고 한다. "팽팽히 조인다"는 뜻의 라틴어 'stringor'(스트링고르)에서 파생된 말인데, 국어사전에서는 "적응하기 어려운 환경이나 조건에 처할 때 느끼는 심리적·신체적 긴장 상태"라고 정의한다. 스트레스는 모든 병의 근원이기 때문에 가능하면 피하는 게 상책이다. 그런데 깜박이도 켜지 않고 훅훅 들어오는 스트레스가 많다. 그래서 때로는 어쩔 수 없이 맞닥뜨리곤 한다. 그나마 다행인 것은 스트레스에 대처하는 관리 주체가 나 자신이라는 것이다. 무겁게 받아들일지 가볍게 여길지 온전히 스스로에게 달려 있다. 그런데 어떤 사람들은 완전 엉터리다.

    누구나 지속적 영향을 미치는 무거운 스트레스를 관리하는 일이 쉽지 않다. 하지만 녀석을 아무리 곱씹고 되씹어 봐야 소용없다. 탈출구는 거의 없다. 그렇다면 심호흡하면서 가급적 스트레스를 가볍게 여기는 편이 차라리 낫다. '그러려니' 하면서 가볍게 넘겨 버릇해야 한다. 힘을 쭉쭉 빼는 녀석을 뭐 좋다고 붙들고 놓아주지를 않는가! 상대하기가 버거울수록 녀석과의 싸움을 멈춰야 한다. 일시적인 단순한 스트레스는 더 말할 필요도 없다. 그런데도 무겁든 가볍든 굳이 붙들고 놓아주지 않는 사람들이 많다. 힘들고 싫은 감정인데도 놓지를 않는다. 후벼 파고, 또 파면서 본인과 주변을 어렵게 한다. 자존심이 상했을 수 있다. 기분이 나쁘고 속상했을 수 있다. 배신감을 느꼈을 수 있다. 아무리 그렇더라도 그 상태에 오래 머무를 이유는 없다. 페이지를 넘겨야 한다. 다음 페이지에 기분 좋을 일들이 얼마든지 기다리고 있을 수 있다. 본인 의지로 안 좋은 감정에서 헤어날 수 있는데도 머뭇거리는 것은 바보짓이다. 기쁘고 행복하게만 살기에도 짧은 인생이다.

페이지를 넘겨야 한다. 스트레스로 얼룩진 페이지에 머물지 않는 훈련을 해야 한다. 다음 페이지로 넘기는 훈련을 해야 한다. 싸워서 이길 수 있는 상대가 있고, 아무리 싸워도 이길 수 없는 상대가 있다. 스트레스는 결코 싸워 이길 상대가 아니다. 분노나 감정을 잘 조절할 줄 아는 사람이 어른이고 신앙인이다. 페이지를 넘겨야 한다. 이길 수 없거나 이길 필요가 없는 상대는 빨리 툭 놓아 버릇해야 한다. 힘든 페이지에 오래 머물러 있지 않으려고 훈련해야 한다. 아주 가볍고 쉽게 다음 페이지로 넘기는 단련을 해야 한다.

"얘야, 살아가면서 너 자신을 단련시켜라.

무엇이 네게 나쁜지 살펴보고 거기에 넘어가지 마라."(집회 37,27)

마음을
살필 줄 알아야 한다

허 신부가 솔뫼성지에 부임했다. 사제 인사 공문을 확인한 순간부터 내 입은 귀에 걸려 있었다. 눈치 빠른 분들은 너무 티 난다고, 귀에서 입 좀 내리라고 했다. 그러거나 말거나 나는 기쁨을 감추지 않았다. 지난 1월, 인사권자인 교구장 김 주교님께서 후임 보좌 신부를 파견하기 어렵다고 말씀하셨을 때 당황스러웠다. 그래서 차리리 나를 보좌 신부 없는 본당으로 보내 달라고, 솔뫼성지에서 보좌 신부 없이 행복하게 살 자신이 없다고 말씀드렸다. 그랬더니 1년만 참아 달라고 하셨다. 그러다가 유학을 마치고 8월쯤에 귀

국하는 신부들이 있다는 소식을 듣고 총대리 주교님께 청했고, 이번에 파견해 주셨다. 주교님들! 고맙습니다!

지난 8개월 동안 보좌 신부 없는 아쉬움이 컸기 때문에도 기뻤지만 허 신부와 첫 대면을 하는 내내 신부 냄새와 사람 냄새를 진하게 맡을 수 있어서 좋았다. 짐승들이 벌러덩 누워 자기 배를 드러내 보이는 것은 싸울 의사가 없을 뿐 아니라 잘 지내고 싶다는 뜻인데 만난 지 불과 한두 시간 만에 나는 배를 드러냈다. 속내를 훤히 드러내 보여 줘도 괜찮을 것 같았다. 재고 따지면서 피곤하게 살지 않아도 될 것 같았다. 사소한 일로 쓸데없이 에너지 낭비를 하지 않으면서 지내도 될 것 같았다. 아니, 그냥 친구처럼 지내도 될 것 같았다. 물론 너무 섣부른 판단일 수 있다. 하지만 나도 나름 누적된 삶의 경험치가 있고, 사람 보는 눈이 있으며, 누구 못지않게 남다른 예민한 감각이 있다. 그런데 그 경험치가, 사람 보는 눈이, 예민한 감각이 100% 이상 만족하면서 새로 부임한 동반자를 긍정하고 있었다. 그러니 입이 귀에 걸릴 수밖에…. 날짜가 지날수록 좋은 예감은 확신이 돼 가고 있다. 마음에 드는 이유의 뿌리를 찾아보았는데 허 신부가 계속

내 마음을 살피고 헤아려 주고 있었다. 결코 쉬운 일이 아닌데 익숙하게 몸에 밴 사람처럼 딱히 어렵지 않게 그것을 해내고 있었다.

사람 마음을 살필 줄 알아야 한다. 남이야 어찌 되든 아랑곳하지 않는 사람들이 있다. 남에게 무뎌도 너무 무딘 사람들이 있다. 그런 사람들은 불평과 불만이 많을 뿐 아니라 관계나 소통을 확장하려 하지 않는다. 반면에 이웃을 향해 늘 밝은 에너지를 선물하는 사람들이 있다. 관계에서 스며들 줄도 알고 흡수할 줄도 아는 사람들이 있다. 그런 사람들은 매사에 긍정적이라 영향력과 확장성이 무궁무진하다. 특히, 마음을 살피고 헤아려 주는 데 탁월하다. 그들은 자기가 믿는 분을 닮았다.

"사람의 길이 제 눈에는 모두 바르게 보여도
마음을 살피시는 분은 주님이시다."(잠언 21,2)

기능인으로 살지는 말아야 한다

나는 1989년 가톨릭대학교에 입학하여 10년을 준비했고, 1999년 1월 26일 사제품을 받았다. 올해가 2024년이니까 사제로 서품된 지 만 25년이 넘었고, 젊은 청년은 눈 깜짝할 새 중년이 되었다. 그런데 정말 다행이고 감사한 일은 행복했다는 것이다. 분명 쉬운 길은 아니었는데 주님 은총 속에서 살았고, 좋은 사람들을 많이 만난 덕분에 행복하게 일했다.

사제 서품을 앞둔 시점에 신부로 잘 살 수 있을지 두려움이 엄습한 적이 있다. 그때 총장 신부님과의 면담에서 들었던 말씀이다. "자네가 신부가 되기에 충분해서 서품을 주는 것이 아닐세! 신부는 살면서 되어 가는 거야!" 지금 당장은 부족해도 괜찮다는 엄청난 위로의 말씀으로 들렸다. 그로부터 25년이 지난 지금, 과연 얼마만큼 신부가 되었을지 나조차 궁금하다. 그런데 이 말밖에 떠오르지 않는다. "글쎄올시다."

또 한 가지 선명한 과거 기억이 있다. 그 당시 내 기도 지향이다. '신부로 살면서 교회에 누를 끼칠 것 같으면 차라리 신부가 되지 말게 해 달라.'는 것이었다. 10년을 준비한 사람다운, 아름다운 기도였다. 돌이켜 보면, 부족한 나를 통해 주님께서 이루어 주신 성과가 적지 않았다. 그리고 일의 성과와 더불어 '나'라는 한 인간도 성장시켜 주셨다. 그렇다고 해서 교회에 누를 끼치지 않았다고 장담하기는 어렵다. 나 때문에 상처받거나 신앙이 흔들린 사람도 있었을 것이기 때문이다. 그리고 우스갯소리지만 나이 드니 이런 생각도 한다. '설령 교회에 누를 끼치더라도 이제 와서 무르지 않기!' 마음가짐이 예전 같지 않은 것이다. 젊을 때는 혹여 내 잘못 때문에 신부로 살지 못하게 되더라도 어떻게든 나름 잘 살

자신이 있었다. 그런데 나이가 들면서 그 자신감 곡선은 점점 급하향하고 있다. 도구가 세월에 무뎌진 느낌이랄까? 그럼에도 아직 꼭 붙들고 사는 것 한 가지가 있다. 결코 기능인으로 살지는 않겠다는 것이다. '신부가 자칫 기능인으로 살 수도 있겠구나!'라는 생각이 스친 적이 있었다. 잠시의 상상만으로도 소름이 끼쳤다.

기능인으로 살더라도 별 문제 없는 분야가 있을 수 있다. 그런데 신부로 살면서 기능인으로 산다? 그것이야말로 교회에 누를 끼치는 일이다. 대충 뭉개면서 살지는 말아야 한다. 그러느니 차라리 그만두고 빌어먹는 편이 낫다. 신부는 말할 것 없고, 누구든, 웬만하면, 기능인으로 살지는 말아야 한다.

"모든 더러움과 그 넘치는 악을 다 벗어 버리고
여러분 안에 심어진 말씀을 공손히 받아들이십시오.
그 말씀에는 여러분의 영혼을 구원할 힘이 있습니다."(야고 1,21)

신앙은 짐이 아니라 힘이다

성지에서의 고해성사는 일반 성당에서의 그것과 사뭇 다르다. 일반 성당에서는 신부와 신자들의 만남이 잦은 편이라 목소리만 들어도 누구인지 알 수 있다. 그래서 고해하기 부끄러운(?) 내용은 굳이 자기 본당에서 고해하지 않는 경향이 있다. 그런데 솔뫼성지에서는 여과 없이 고해하는 분들이 많다. 서로 모르는 관계리 딱히 부끄러워할 것도 감출 것도 없다. 하느님으로부터 죄를 용서받으려고 죄를 고백하고 고해성사를 보는데 그 사이에 껴 있는 신부가 결국 한 인간이다 보니 상황에 따라 솔직함이 다를 수는 있다. 그 심정 충분히 이해한다. 그렇지만 신부가 볼 때 솔직한 신자가 더 존경스럽고 사랑스럽다. 그리고 동시에 드는 생각은 성지의 필요성이랄지 존재 이유이다. 성지 순례를 하면서 순교자들이나 성인들의 발자취를 짚어 보는 것도 의미가 있지만 고해성사의 은총도 만끽할 필요가 있다.

고해성사를 주다 보면 죄책감을 지나치게 느끼는 사람들이 많다. 불필요한 강박이나 의무감 때문에 고통을 받으면서 사는 사람도 적지 않다. 성장해 온 환경이나 처지가 각각 다르고, 신심의 깊이가 달라서 함부로 평가할 수는 없다. 하지만 이야기를 듣다 보면 안타까운 경우가 많다. 본인이나 타인에게 너무 엄격할 필요는 없다. 그것은 올바른 신심이 아니다. 신앙은 짐이 아니라 힘이어야 한다. 내 탓도 헤아리면서 사는 것이 신앙이지, 내 탓으로만 돌리는 것은 올바른 신앙이 아니다. 기도하고 청하면 하느님은 뭐든지 다 들어줘야만 하는 분으로 믿는 사람들도 있다. 하느님은 온갖 축복만 베풀어 주시고, 불행은 전부 물리쳐 주는 분으로 믿는 사람들도 있다. 하느님은 그런 분 아니다. 복을 주시고, 힘을 주시는 분이 맞지만, 그렇다고 해서 세상의 온갖 짐을 싹 다

처리해 주는 분으로 믿는 것은 착각이다.

그릇된 신심에서 벗어나야 한다. 하느님은 우리에게 복을 주고 싶어 하는 분이 맞다. 그런데 복을 주는 바로 그 일을 통상적으로는 사람을 통해서 하고 싶어 하신다. 불행을 물리치거나 이겨 내는 것도 마찬가지다. 사람을 통해서 그 일을 하고 싶어 하신다. 하느님께서 직접 하실 수 없기 때문이 아니다. 도구로 쓰이는 그 과정을 통해서도 사람은 하느님이 원하는 모습으로 다듬어진다. 다양한 방식으로, 신앙은 짐이 아니라 힘이다.

"사람의 마음속에 많은 계획이 들어 있어도

이루어지는 것은 주님의 뜻뿐이다."(잠언 19,21)

불편함으로
돌아가야 한다

―――

10시간 넘는 비행은 무려 23년 만이다. 장거리 여행은 기본적으로 내 머릿속에 없다. 비행기 타는 것을 워낙 싫어하기 때문이다. 그럼에도 시드니행 비행기를 탄 이유는 오직 하나다. 친하게 지내던 동기 백 신부가 거기서 교포 사목을 하고 있다. 출국 전에 미리 전화로 말해 두었다. 관광은 별 관심 없다고, 오랜만에 만나 소주나 한잔하자고! 내가 한 말인데도 따뜻하고 참 괜찮은 말이었다.

시드니는 다양한 전 세계 사람들을 추출해서 모아 놓은 도시 같았다. 낯선 환경에 오랜만에 노출되어서 그런지 몸까지 움츠러드는 느낌이 들었다. 자동차들이 왼쪽 도로로 다니는 모습을 처음 본 것도 아닌데 정신이 사나웠다. 게다가 운전석이 오른쪽에 있어서 나는 왼편으로 타야 하는데 매번 헷갈렸다. 그때마다 백 신부가 나를 놀렸다. "왜? 운전하게?" 무엇보다 불편한 것은 언어였다. 아시아권에서는 서로 비슷하게 생긴 사람들이라 영어로 말하는 것이 그다지 어색하지 않았었다. 그런데 생김새가 다른 사람들이 빠르고 유창하게 영어를 구사하는 틈바구니에서는 얘기가 달랐다. 주눅이 들었는지 좀처럼 입이 떨어지지 않았다. 다만 음식은 문제없었다. 뭐든 맛있게 잘 먹었다. 섣부른 판단일 수 있는데 기후나 환경, 복지 수준 등이 훌륭해서 호주는 살 만한 나라처럼 보였다. 그럼에도 호주에서 내가 살고 싶지는 않았다. 낯선 환경에 대한 적응은 둘째치더라도 보좌 신부가 둘이나 될 만큼 큰 공동체라 일이 많아 보였다. 오죽하면 나서는 것을 꺼리는 내가 고해성사도 도와주고 주일 미사 강론까지 자청해서 했다. 워낙 바쁘게 지내는 것 같아 뭐라도 도와주고 싶었다. 그렇게 교우들과 조금 소통하면서 어디에 살든 사람이 하는 고민은 내내 비슷하고, 결국 인간관계가 중요하다는 것을 새삼 느꼈다. 한 가지 뜻밖이었던 것은, 호주 이민 기간이 긴 분들일수록 한국에 가면 오히려 낯설고 불편하다고 했다. 그 말이 무슨 뜻인지 이해가 되면서도, 한국이 최고라고 여기는 나로서는 조금 충격이었다. 역시나 세월은, 그리고 시간은 사람을 길들인다.

익숙한 환경과 문화, 기후와 언어, 음식과 각종 시스템에서 벗어나면 불편하다. 그래서 사람들은 익숙함에서 좀처럼 벗어나려고 하지 않는다. 그런데 사람들이 익숙해져 있는 것이 전부 좋은 것일 리 없다. 길들지 않아야 할 것들에 얼마든지 익숙해져 있을 수 있다. 그런 익숙함에서는 떠나야 한다. 불편함으로 돌아가야 한다. 새로운 좋은 것에 다시 길들여야 한다. 그것이 부활을 믿는 사람의 거듭남의 삶이다.

"길들지 않은 송아지 같은 저에게

주님께서 순종을 가르치시어 제가 순종을 배웠습니다.

저를 돌아가게 해 주소서. 제가 돌아가겠습니다."(예레 31,18)

'열심히'가 아니라 '기쁘게'

하완 작가가 쓴 책을 읽었다. 내용도 좋지만 제목부터 압권이다. 정말이지 강력한 주먹으로 신선하게 한 방 얻어맞은 느낌이었다.『하마터면 열심히 살 뻔했다』의 저자가 이 책을 통해서 하고 싶은 말을 감히 한 줄로 정리하자면, '열심히'가 아니라 '기쁘게' 살자는 것이다. 열심히 살면 힘드니까 즐기면서 기쁘게 살자는 내용이다. 그런데 책을 읽는 내내 미소를 만드는 내 얼굴 근육들이 열심히, 아니 기쁘게 움직였다. 솔뫼성지에 오는 순례자들에게 내가 핵심적으로 하는 말과도 맥을 같이 하고 있었다.

성경에서는 뭐라고 하는지 갑자기 궁금해졌다. 그래서

'열심히'와 '기쁘게'를 검색해 봤다. '열심히'라는 단어의 빈도수는 구약과 신약이 비슷한데 흥미롭게도 내용의 결은 달랐다. 구약에서는 규정이나 율법을 열심히 지켜야 하고, 일을 열심히 해야 한다는 것이 주된 내용이었다. 그런데 신약에서는 기도나 선을 열심히 행해야 하고, 은사를 열심히 구해야 한다는 내용이었다. '열심히'라는 말의 쓰임이 구약에서는 딱딱했다면 신약에서는 부드러워졌다. 일상적 삶에 대한 것을 강조하다가 영성적 삶에 대한 것으로 방향을 틀면서 좀 더 진화했다. 그에 반해, '기쁘게'라는 단어의 쓰임은 구약이나 신약이나 별 차이 없었다. 다만, '열심히'라는 말보다 빈도수 면에서 3배 이상 많이 쓰였다. 약간 말을 꿰맞추는 것 같긴 하지만 그것만 봐도 우리가 어떻게 살아야 할지 감이 잡힌다. 하느님 말씀을 담은 성경도 '열심히'보다는 '기쁘게' 살라고 주문하고 있다는 것이다. 그런데 의외로 거꾸로 사는 사람들이 많다. 그럴 수밖에 없는 것이 우리는 어릴 때부터 열심히 살 것을 교육받았다. 사람들 대부분이 기쁘게 살아야 한다는 말을 상대적으로 덜 들으면서 살았다. 그래서 책 제목을 처음 보는 순간 신선했다. 제목부터 뭔가 갈증을 해소

해 주는 느낌이었다.

'열심히' 살기보다는 '기쁘게' 사는 삶을 추구해야 한다. 열심히 사는 것이 나쁜 것이어서가 아니다. 열심히 사는 사람일수록 누리는 것을 참고, 즐거움을 나중으로 미룬다. 아니, 미래의 삶에 양보한다. 그런데 과연 미래의 내가 그것을 누릴 수 있을까? 개연성은 있지만 장담할 수는 없다. 신앙 안에서 사는 삶도 마찬가지다. 신앙생활을 '열심히' 하는 것보다 '기쁘게' 하는 것이 더 낫다. 즐기면서 하는 사람을 뛰어넘을 수는 없다. 즐기는 사람에게는 무거운 일조차 가벼워진다.

"무슨 일을 하든 모든 사람을 기쁘게 하려고 애쓰는 나처럼 하십시오."(1코린 10,33)

마음을 사든지
경계를 두든지

사람에 대한 호감과 비호감이 결정되는 데 걸리는 시간은 불과 0.3초란다. 뇌는 사람을 보는 즉시 거의 바로 첫인상을 결정짓는다는 말이다. 자동차의 움직임을 잠시 지켜보는 것만으로도 운전하는 사람의 성향을 가늠할 때가 있다. 운전자가 지금 똥이 마려워 어쩔 수 없이 서두르는지, 습관적으로 얌체 짓을 하는지 차량 움직임만 봐도 대충 파악된다. 실제로 도로의 흐름을 방해하면서 자기중심적으로 달리는 차들이 있는가 하면, 원활한 흐름을 위해 양보하고 배려하면서 달리는 차들이 있다. 사람은 보이지 않고 그저 바퀴 달린 철판만 움직이는데 신기하게 운전자의 성향이 보인다.

사람의 감각은 자동차 안 운전자의 성향까지 느낄 수 있을 정도로 예민하다. 그러니 얼굴을 마주할 때 얼마나 더 예민하게 느낄지는 말할 필요조차 없다. 사람은 입으로 하는 말뿐 아니라 눈빛과 표정, 아니, 온몸으로 말한다. 표현 방식이 그렇게 다양하다 보니 심지어 서로 엇박자를 내기도 한다. 말로는 분명히 괜찮다고 했는데 눈빛이나 표정은 전혀 괜찮지 않은 신호가 나올 수 있다. 자주 만나는 사이에서는 말하기 전에 이미 대략적인 상태가 파악될 수 있다. 축적된 정보가 있어서 딱 보면 알고, 심지어 전에 비해 미세하게 달라진 부분까지도 감지한다. 사람은 그렇게 다양하게 자기를 드러낸다. 그러니까 부정적 표현을 말로 할 때는 적당히 하는 것도 나쁘지 않다. 이미 온몸으로 표현하고 있으면서 굳이 저나라하게 말할 필요는 없다. 심지어 특정 사람이나 분야에 대해서 발작 수준으로 언짢아하고 불편해하는 사람도 있다. 미움이나 불만이 마음속에 가득 쌓여 있다. 그래서 살짝만 건드려도 발작 버튼이 자동으로 눌린다. 버튼이 눌리면 미성숙한 어린아이가 튀어나오는데 그 모습 참 별로다. 부정적인 감정을 속에 쌓아 두지 않아야 성숙한 사람이다. 쉬운 일은 아니지만 수시로 털어 내고 비워야 한다.

경계가 있어야 좋은 관계라고 한다. 나와 성향이 다른 사람을 제압해서 한 울타리 안에 있기보다는 서로 다름을 인정하고 경계를 두는 편이 낫다. 동물은 그나마 목덜미가 잡히면 제압되는데 사람은 단순하지 않아서 쉽게 제압할 수 없다. 사람을 제압할 방법은 마음을 사는 것뿐이다. 강제하거나 함부로 막 대하는 것으로는 제압되지 않는다. 마음을 사든지 경계를 두든지 선택해야 한다. 마음을 살 줄 아는 사람은 능력자요, 경계를 둘 줄 아는 사람도 능력자다.

"그대는 내 마음을 사로잡았소.

한 번의 눈짓으로, 그대 목걸이 한 줄로 내 마음을 사로잡았소."(아가 4,9)

도망이 답은 아니다

2년 전 건강 검진 결과서를 받았는데 새로운 항목이 눈에 띄었다. 거기에는 기대 수명 81.4세라고 적혀 있었다. 건강 상태로 미루어 짐작되는 기대 수명이 써 있었는데 죽을 날 즈음이 구체적인 숫자로 계산되니까 기분이 묘했다. 이번에 검진을 다시 받았는데 기대 수명이 83.7세로 늘었다. 숫자를 보는 순간 피식 웃음이 새어 나왔다. 건강 상태로 대략 짐작해 보는 예측이지만 남의 목숨 갖고 이랬다저랬다 장난치는 것 같아 헛웃음이 나왔다. 수명이 늘어난다니까 본능적으로 기분이 좋아져서 웃었는지도 모른다. 2년을 살고 났는데 2년 전에 비해 2년 이상 더 살 수 있을 것 같다고 하니 누군들 웃지 않겠는가! 아무튼 앞으로 살 수 있는 햇수가 30년 미만으로 추정된다. 그런데 지난 30년이 순식간에 지나갔다는 기억 때문인지 약간 아찔했다!? 흔히 잊고 사는 것이 자기 죽음인데 숫자로 보여 주니 정말 실감 났다. 보통 죽음은 직면하기보다 회피하기 마련이다. 그런데 죽음은 맞닥뜨리고 살아야 한다. 그래야 잘 죽을 수 있다. 도망이 답은 아니다.

어릴 때 선생님으로부터 산수 박사라는 말을 들을 만큼 계산을 빠르게 할 수 있었다. 그러다가 산수에서 수학으로 넘어가면서 제법 똑똑한 아이인 줄 알았던 것이 착각이라는 것을 깨달았다. 암기한 수학 공식들을 총동원해서 문제를 풀어도 얽힌 문제가 쉽게 풀리지 않았다. 산수와 달리 수학은 간단하지 않았다. 누군가에게는 복잡한 수학 문제도 쉽겠지만 내 적성에는 맞지 않는 것이 분명했다. 이제는 더 이상 수학 문제를 풀지 않아도 돼서 좋다. 하지만 풀어야 할 문제가 전혀 없는 것은 아니다. 인생에서 만나게 되는 다양한 문제들이 줄을 서 있다. 삶 속에 주어진 문제들도 풀기 쉬운 것은 하나도 없다. 그러나 수학 문제와 달리 인생

문제를 풀면서 정작 나는 사람이 되어 감을 느낀다. 모든 것이 그렇듯 문제를 잘 풀려면 먼저 문제의 본질을 알고 핵심을 꿰뚫어야 한다. 그러면 푸는 방법은 사실상 단순하다. 그런데 적지 않은 사람들이 문제를 왜곡시키면서 엉뚱한 데서 답을 찾는다. 본질을 외면하면서 편법을 생각한다. 편법이 당장 입맛에 맞을 수는 있으나 결코 근본적인 답은 아니다. 본질에 접근하고 핵심을 건드려야 한다. 도망이 답은 아니다.

삶이 아무리 보람되고 행복하더라도 때때로 현실적인 문제에서 도피하고 싶은 마음이 들 때가 있다. 누구나 벗어나고 싶고, 달아나고 싶을 때가 있다. 그런데 어쩔 수 없다. 맞닥뜨려야 한다. 문제에 직면해야 한다. 본질과 핵심이 무엇인지 파악하고 답을 찾아야 한다. 도망이 답은 아니다.

"추구한다고 다 얻을 수는 없고 달아난다고 벗어나는 것은 아니다."(집회 11,10)

가끔은 역행이 좋다

———

솔뫼성지에 부임한 지 벌써 2년하고도 9개월째다. 그동안 틈틈이 성지 순례를 다녔고, 한 번만 더 순례하면 전국 여정이 끝난다. 얼마 전에는 경남 울주군에 있는 죽림굴 성지에 갔다. 왕복 약 3시간 등산이 요구되는 성지인데 오후 늦은 시간에 입구에 도착해서 잠시 고민에 빠졌다가 다음 날 다시 오기로 결정했다. '오늘 할 일을 내일로 미루지 말라.'고 배웠지만 일정을 미룬, 그 역행하는 결정이 최근에 내가 한 가장 잘한 일이었다. 시간에 쫓기면서 강행했다면 배고파서든 힘들어서든 투덜거렸을 것이고, 그런 순례를 주님께서 기쁘게 받으실 리 없다. 당일 계획된 순례를 이례적으로 미뤘을 뿐인데 찌릿한 묘미가 있었다. 순례 여정 속에서 배움이 있어서도 좋았는데 무엇보다도 9년 후배인 변 신부와 늘 함께했던 것이 가장 좋았다. 한참 선배인 나를 어려워하지 않아서 오히려 내가 편하다. 그래서 그에게 자주 고백(?)한다. "나랑 놀아 줘서 고마워~!" 10년 넘는 세월을 나랑 놀아 주고 있으니, 그는 거의 친구인 셈이다.

    로마 유학을 마치고 작년 9월에 솔뫼성지 보좌 신부로 부임한 허 신부는 사제로서 주어진 직무를 잘해 주고 있다. 내가 그 나이 때 그 정도의 역량을 보였었는지 돌아보게 할 만큼 훌륭하다. 좋은 점이 참 많은데 특유의 역동적이며 외향적인 밝은 성격이 그 모든 장점의 바탕이다. 그리고 결정적으로 내 마음을 잘 살펴줘서 좋다. 그래서 고해성사 때 들은 얘기 말고는 거의 모든 이야기를 서로 나눈다. 그렇게 대화를 나누다가 무심코 여행을 가자는 말이 툭 튀어나오고 말았다. 그것은 일종의 도발(?)이었다. 주임과 보좌 신부 둘만 함께하는 여행은 이 바닥(?)에서 흔한 일이 아니기 때문이다. 지극히 이례적인 내 도발에도 불구하고 허 신부는 흔쾌히 수락했다. 그렇게 해서 날짜가 잡혔는데 계속되는 장마와

폭우 때문에 여행을 구체적으로 계획하기는 어려웠다. 그러다가 결국 3박 4일 무계획 여행이 되었다. 그런데도 비를 잘 피해 다니면서 즐겁게 지냈다. 무려 19년 차이 선후배가 함께한 여행이라니, 기념비적인 여행이 아닐 수 없었다. 흔치 않은 일을 감행해서 그런지 평소 여행과 또 다른 역행의 묘미가 있었다.

미운 사람을 미워하는 것, 불편한 사람을 불편해하는 것처럼 쉬운 일은 없다. 그런 감정이나 정서는 거슬러 살 줄 알아야 한다. 자동차 역주행은 절대 금지다. 하지만 인생에서는 가끔 역행이 좋다. 역행에는 묘한 매력이 있다. 내가 하느님이라면 역행할 줄 아는 사람에게 하느님 나라에 들어갈 자격을 줄 것 같다.

"너희가 자기를 사랑하는 이들만 사랑한다면 무슨 상을 받겠느냐?"(마태 5,46)

나만 모를 수 있다

얼마 전에 자동차를 같이 타고 가던 변 신부가 갑자기 정중한 말투로 내게 물었다. "혹시 충치 있어요?" 그는 "충치 있어요?"라고 쓰고, 나는 "지금 입냄새 나요!"라고 읽었다. 나는 보기와 달리 나름 깔끔하고 양치도 하루 세 번 이상 자주 한다. 하지만 최근에 실제로 치과적 문제가 생겨 예전만큼 꼼꼼히 칫솔질을 하지 못하고 있다. 아무리 친해도 사실 그런 거 말해 주기 쉽지 않은 건데…. 참 고마운 놈이다. 물론 나도 치과적 문제가 해결될 때까지 주의할 생각이었다. 그런데 잠시 경계를 풀었는지 우려가 현실이 됐다. 그런데 덕분에 큰 깨달음을 얻었다. '본인만 모를 수 있다!'

사람들 대다수가 힘들어하는데 문제의 원인인 본인만 모를 수 있다. 주변 사람들이 차마 말하지 못하는, 오직 본인만 모르는 문제가 있을 수 있다. 말이나 태도 따위가 주변 사람들을 힘들게 하는데 본인만 모른다. 설령 문제를 본인 스스로 의식하고 있더라도 자기 혼자만의 생각으로 대충 퉁 치려는 사람들도 있다. 본인 장점이 워낙 크기 때문에 결함 따위는 쉽게 퉁 칠 수 있을 것으로 생각한다. 그것은 지독한 착각이다. 장점이라는 것도 혼자만의 생각일 가능성이 높을 뿐 아니라 결함은 장점으로도 퉁 쳐지지 않는다. 결함은 고쳐야 할 과제일 뿐이다.

생각하는 인간(homo sapiens), 도구를 쓰는 인간(homo faber), 놀이하는 인간(homo ludens) 등등 인간의 특징을 정의하는 말들이 있다. '영향을 주는 인간'이라는 용어도 있는지 궁금해서 인터넷을 검색했는데 찾지 못했다. 그래서 호모 인풀룩수스(homo influxus)라는 말을 그냥 내가 만들었다. 최근에 자주 듣는 인플루언서(influenser, 영향을 미치는 사람)라는 말의 라틴어 어원에서 만든 말이다. 인플루언서들은 사회 관계망 서비스(SNS)를 통해 많게는 1억 명이 넘는 사람들에게 영향을 준단다. 나는 가입자가 약 4천 5백만 명이라고 하는 '카카오톡'도 아직 이용하지 않을 만큼 그쪽 분야는 별로 관심이 없다. 하지만 사람들을 직접 만나는 것을 꺼리지는 않는다. 일로 만나는 관계 말고 평소에 알고 지내는 좋은 사람들을 직접 만나는 것을 가장 즐겨한다. 좋은 사람들과의 만남은 행복감과 힘을 주기 때문이다.

사람은 부정이든 긍정이든 서로에게 어떤 방식으로든 영향을 주거니 받거니 한다. 전혀 모르는 사람의 미소나 무표정까지도 그렇다. 그러니 아는 사람끼리는 더 말할 것 없다. 주변에 끼칠 영향을 생각하면서 판단해야 한다. 자칫 내 부주의로 주변이 힘들어졌는데 부끄럽게도 문제의 원인인 나만 모를 수 있다. 기억해야 한다. 인간은 영향을 주는 존재이다. 호모 인플룩수스!

"그들은 악을 저지르면서도 알지 못한다."(코헬 4,17)

허물 것은
내 안에도 있다

솔뫼성지 김대건 신부님 생가 앞쪽으로 소나무 군락이 군데군데 있었다. 그리고 더 이상 사용하지 않는 낡은 건물 두 동과 낡은 원형 수돗가, 그리고 팔각정이 있었다. 부임한 지 얼마 지나지 않아 생가 앞쪽 공간이 정리가 필요하다는 확신을 갖게 됐다. 하지만 마음만 먹고 있었을 뿐 재정 형편상 일을 저지르지 못하고 있었다. 내 구상을 알고 있던, 가까운 신리성지 김 신부가 소나무가 필요하다 해서 기꺼이 가져가라고 했다. 그렇게 소나무는 작년 말 신리성지로 이사를 갔고, 그때 담장 일부를 허물었다. 가끔 대형 차량 통행

도 필요하고, 무엇보다 사람이 드나들 수 있어야 생가 앞쪽 공간이 살아날 수 있어서 통로를 냈다. 그랬더니 김대건 신부님 생가와 그 뒤로 펼쳐진 솔뫼 소나무 숲이 훤히 보여 좋았다.

그 이후 소나무 군락이 있던 바닥 땜빵을 했다. 허물어진 담장에는 출입문을 달았는데 김대건 신부님이 폭풍을 만났을 때 뱃전에서 선원들에게 하셨던 말씀을 새겨 넣었다. "아무것도 두려워하지 마십시오!" 자리 잡은 위치가 애매한 팔각정을 두 달 전에 치웠고, 지난 주간에는 나랑 성만 다르고 이름이 같은 시의회 김 의원님 도움으로 무허가 건물 두 동과 낡은 수돗가를 허물어 편평하게 만들었다. 목련 나무 아래에 있던 조각상도 뜬금없게 느껴져서 개울 쪽 공원 공간으로 옮겼다. 머릿속 구상이 다 이루어지지 않아 아직 어설프지만 하나씩 정리를 하고 나니 김대건 신부님 생가와 솔뫼 소나무 숲이 더 훤해지고 집중되는 느낌이다. 내년에 흙을 북돋워 잔디를 심고 가꾸면 사진 찍기 좋은 포토 존이 자연스럽게 형성될 것 같다. 솔뫼성지에 부임한 이래 철거한 것이 많다. 대성당 주 출입구 쪽에 있던 조립식 처마와 수

돗가, 교구 역사관 쪽 낡은 성상각, 솔뫼 카페 앞에 있던 전봇대처럼 생긴 파일 등등이다. 관점에 따라 왜 과거의 것들을 보존하지 않느냐고 따질 수 있다. 그러나 보존만이 능사는 아니다. 성지의 본질이 드러나는 것이 관건이다. 솔뫼성지는 생가와 소나무 숲, 그리고 이곳에서 태어난 김대건 신부님 집안 성인, 복자, 순교자가 잘 드러나고 현양되는 것이 중요하다.

세우는 일에 비하면 허물고 치우는 것은 아무것도 아닐 수 있다. 그러나 보존 가치가 딱히 없는 낡은 것들이 허물어지면 오히려 이미 세운 것이 빛이 날 수 있다. 정리가 필요한 이유다. 공간뿐만이 아니다. 허물 것은 내 안에도 있다. 내 삶의 태도나 방식은 늘 점검 대상이어야 한다. 거기에서 허물 것을 찾고, 정리만 잘해도 반드시 더 행복해진다.

"바깥일을 정리하고 밭일을 준비한 다음 집을 지어라."(잠언 24,27)

울리거나 올리거나

고해실에 앉아 있으면 다양한 고객(?)을 만나게 된다. 약간 건방을 떨자면, 이제 생활의 달인이 다 됐는지 잠깐만 고해를 들어도 손님 유형이 파악된다. 상을 주고 싶을 정도로 훌륭한 고객이 가끔 들어오는데 성찰을 제대로 하신 분들이다. 그분들은 간결하게 고해하는데도 뉘우침의 깊이와 진실성이 감지된다. 그분 안에 살아 계신 주님을 내가 직접 뵌 것 같은 느낌이 들 때도 있다. 그런 감동은 죄를 잘 포장하는 사람에게서 나오는 것이 아니다. 고해하는 사람 영혼이 빛이 나기 때문에 그 아름다움에 매료되는 것이다. 사제는 직무를 통해서도 성화(聖化)된다는데 잦은 일은 아니지만 고해성사를 집전하면서 내가 성화됨을 느낀다. 물론 그런 분과는 달리 형식적으로 건조하게 고해하는 분들이 적지 않다. 그럴 때는 조금 씁쓸한데 다들 어려워하는 고해실에 들어온 것만으로도 그분께 감사하는 마음을 가지려 한다.

죄책감에 짓눌려 사는 분이 있다. 부정적 감정 자체를 죄라 여기는 분도 있다. 그저 남 얘기를 했을 뿐인데 뒷담화라면서 죄라고 여기는 분도 있다. 나는 그런 분들에게 유난히 친절해진다. 없는 사실을 만들어서 유포하는 것이 죄지, 힘들었던 일을 친한 사람과 나누는 것은 죄가 아니라고! 부정적 감정으로 주님을 등져야 죄지, 감정이 올라오는 그 자체는 죄가 아니라고! 지나친 죄책감은 바람직하지 않다고! 그렇게 말하는 신부의 위로와 격려의 말은 고해자를 울리거나 마음을 하늘로 올린다.

솔뫼성지에서 함께 사목하고 있는 허 신부와 대화를 나눌 때가 많다. 내가 신학교 입학하던 해에 허 신부가 태어났으니 상당한 나이 차이다. 그런데도 나는 그를 친구로 여긴다. 그는 여러 세대를 아우를 정도로 좋은 성품을 지녔다. 그래서 이런저런 이야기보따리를 자주 풀어놓는다. 물론 허 신부도 내게 이야기를 털어놓는다. 가치 판단 기준이 서로 비슷해서 거의 전적인 공감이 오간다. 그렇게 이야기를 나누고 서로 공감하다 보면 어느새 무거웠던 마음이 가벼워진다. 이해와 공감의 말이 사람을 살리고 숨 쉴 수 있게 한다.

이해해 주는 말이 필요하다. 공감해 주는 말이 필요하다. 마음을 하늘로 올리거나 울리는 말이 필요하다. 나를 숨 쉴 수 있게 하는 말, 나를 살리는 말이 필요하다. 누구에게나 세상은 험난하다. 험난한 세상살이를 하는 누구나 그런 말이 듣고 싶다. 내 가까이에 있는 사람이 듣고 싶어 한다. 그것을 못 하거나 안 할 이유가 있을까?

"이슬이 불볕더위를 가라앉히지 않느냐?

그처럼 말 한마디가 선물보다 낫다." (집회 18,16)

내버려두어라

—

도로에서 1차선은 주행선이 아니라 추월선임을 알리는 문구를 흔히 볼 수 있다. 운전 면허증이 없더라도 그런 규정을 알고 있는 사람은 많을 것 같다. 그런데 현실은 전혀 다르다. 1차선이 마치 본인 전용 도로인 양 느릿한 속도로 당당하게 주행하는 차들이 많다. 심지어 1차선에서 규정 이하 속도로 2차선 차량과 나란히 주행한다. 도대체 왜 그러는지 나는 그 이유가 정말 궁금하다. 그들은 한마디로 분노 유발자다. 혹시 법 규정을 몰라서 그런다 해도 문제고, 알면서 그러면 더 큰 문제다. 최근에 1차선에서 느릿하게 주행하는 차량 앞쪽으로 추월한 어느 자동차가 그 차보다 더 천천히 운전하는 모습을 봤다. 위협적인 보복 운전이라기보다는 참교육을 시켜 주는 것 같았다. 그 모습을 보면서 한참을 웃었다. 그러나 참교육하다가 자칫 위험해질 수 있으니 내버려둬야 한다. 도로뿐만 아니다. 오직 자기 앞길만 바라보면서 사는 사람이 적지 않다. 주변을 둘러보면서 살아야 한다.

솔뫼성지 대성전 제대에서 미사를 집전하다 보면 관광객으로 추정되는 사람들이 성당 문을 열고 기웃거릴 때가 있다. 신자들 자리에서는 보이지 않으나 제대에 있는 신부에게는 훤히 보인다. 평소 미사 때 휴대 전화가 울리는 것이 미사에 방해가 되긴 하지만 그럴 수 있다고 관대하게 생각해 버릇한다. 신자가 늦게 들어와 자리에 앉는 것도 그럭저럭 괜찮다. 그런데 신자가 아닌 사람이 어슬렁거리면서 집중력을 흩뜨리는 경우는 극도로 신경이 거슬린다. 심지어 미사 중인데 미술관이나 기념관을 둘러보는 사람도 있다. 성당 입구에 미사 중에는 출입이 불가함을 알리는 문구를 돈 들여 세워 놓았는데도 무시하고 들어온다. 그것이 얼마나 무례한 짓인지 모를 리가 없는데 가끔 그러는 사람이 있다. 그렇다고 미사 중에 마이크에 대고 제지할 수는 없는 노릇이니 그냥 내버려둔다. 나만 참으면 신자들은 모르고 넘어갈 수 있으니 그나마 다행이다. 전례에 방해가 되든 말든 자기 눈으로 보고 싶은 것을 보러 다니는 그런 사람은 분노 유발자다. 얼마나 이기적인가! 최소한의 예의는 지키면서 살아야 한다. 주변을 둘러보면서 살아야 한다.

2024년 가장 마음에 남는 예수님 말씀이다. "내버려두어라." 일을 진행함에 있어서도 웬만하면 존중하면서 바라봐 주고 내버려두는 게 좋다. 스스로 할 수 있는데 이래라저래라 하면 불편해질 수 있다. 이웃의 잘못에 대한 지적도 마찬가지다. 핵심적인 내부 문제가 아니라 주변적 가장자리 요인이라면 개입보다 내버려둠이 좋을 수 있다. 내버려둠은 체념과는 다르다. 때때로 내버려둠은 주변과 나를 돌봄이다.

"수확 때까지 둘 다 함께 자라도록 내버려두어라."(마태 13,30)

상처는 싸매 줘야 한다

"자라 보고 놀란 가슴 솥뚜껑 보고 놀란다."는 말을 할 때가 더러 있다. 과거의 강력했던 체험과 약간 비슷한 상황이 주어질 때 현재의 내가, 고통을 느끼면서 숨쉬기조차 힘들 수 있다. 그런 것을 흔히 '트라우마'라고 한다. '트라우마'는 큰 상처를 뜻하는 그리이스말에서 유래했는데 과거의 충격적인 기억이 떠오르면서 그와 관련된 것을 피하려 하거나 매우 불안해하는 증세라 말할 수 있다.

많은 사람으로부터 존경과 사랑을 받으면서 사제 생활을 했지만 미움을 받은 적이 전혀 없었던 것은 아니다. 더구나 상처로 남아 있을 만큼 힘들었던 일도 적지 않다. 어떤 인생

여정이든 정도의 차이가 있을 뿐 상처는 누구나 받으면서 산다. 상처 덕분에 힘들어하는 사람에 대한 공감 능력이 자라고 한 뼘씩 더 성장했지만 그렇다고 상처를 일부러 받고 싶지는 않다. 아마 상처받고 싶어서 안달이 난 사람은 없을 것이다. 상처는 아프기 때문이다. 고해실에서 상처 입은 사람들의 이야기를 비교적 자주 듣는다. 그럴 때마다 상처를 싸매 주고 싶은 마음으로 위로의 말을 건네곤 한다. 고해실에서 만나는 사람들 가운데 주로 남의 탓을 하거나 혹은 내 탓만 하는 사람이 있다. 남을 탓하는 사람은 자기 상처를 후비는 사람이 아니라 그나마 다행인데, 내 탓만 하는 사람은 상처를 보듬는 데 취약해서 더 안쓰럽다. 예를 들어, 부모나 배우자나 자녀의 죽음이 내 탓일 수는 없다. 그런데 세상 떠난 사람한테 미안하다는 이유로 남은 사람이 기쁨을 극도로 자제하는 경우가 있다. 세상을 먼저 떠난 사람은 하느님 나라에서 다시 만날 날을 기다리면서 남은 자가 행복하게 살길 바랄 것이라는 게 내 믿음이다. 사랑하는 사람은 잊지 않고 기억해야 하지만 그렇다고 아팠던 상처까지 함께 기억할 필요는 없다. 그냥 낫도록 상처는 싸매 줘야 한다. 상처가 났던 아픈 순간으로 계속 되돌리면서 힘들게 지낼 이유는 없다.

'트라우마'는 한자로 '창상'(創傷)이다. "상처를 계속 창조해 낸다."는 뜻이다. 외부에서 온 것이든 마음속에서 생긴 것이든 상처는 싸매 줘야 한다. 그래야 치유된다. 본의 아니게 떠오르는 상처는 어쩔 수 없다. 그러나 자기 스스로 상처를 후벼 파거나 우물물을 퍼내듯이 길어 올리는 것, 그러면서 힘들어하는 것은 안타까운 일일 뿐이다. 흘려보낼 것은 흘려보내야 한다. 떠나보낼 것은 떠나보내야 한다. 잊을 것은 잊어야 한다. 하느님은 부서진 마음을 고치고, 상처를 싸매 주고 싶어 하신다. 그런데 본인이 거부하면서 미련을 떨면 정작 하느님도 어찌해 볼 도리가 없다.

"저의 미련함 때문에 제 상처는 냄새 피우며 썩어 갑니다."(시편 38,6)